MÉMOIRE

SUR

LE COMMERCE DE LA FRANCE ET DE SES COLONIES.

Non ut doceam, sed ut docear.

A PARIS,

De l'Imprimerie de MOUTARD, Imprimeur-Libraire, rue des Mathurins, Hôtel de Cluni.

M. DCC. LXXXIX.

AVERTISSEMENT.

NOUS croyons, en publiant ce Mémoire, devoir annoncer qu'il n'eſt pas entiérement notre ouvrage; nous avons été aidés, dans nos recherches & dans nos calculs, par un ancien Negociant qui a voyagé avec fruit dans la plus grande partie de l'Europe, & qui joint à une grande juſteſſe d'eſprit, des connoiſſances en tous genres, ſur-tout dans les matieres de Commerce. Nous avons combiné nos idées avec les ſiennes, pour évaluer les produits, tant de notre Agriculture, que de nos richeſſes induſtrielles, & pour en former le réſultat général. Non ſeulement notre amour-propre ne ſera point bleſſé qu'on releve les erreurs dans leſquelles nous aurions pu tomber, nous verrons au contraire avec le plus grand plaiſir, toutes les obſervations qui pourront conduire à la découverte de la vérité. L'Epigraphe que nous avons miſe à la tête du Mémoire, eſt l'expreſſion bien ſincere de nos ſentimens.

MÉMOIRE
SUR
LE COMMERCE DE LA FRANCE ET DE SES COLONIES.

Non ut doceam; sed ut docear.

LE Commerce a dû exiſter & a exiſté réellement dès que les Sociétés ſe ſont formées, parce qu'à cette époque même les hommes ont été obligés de ſe répartir entre eux les moyens qui pouvoient leur procurer les beſoins de premiere néceſſité.

Dans cet état primitif, les productions naturelles des terres, des rivieres & des mers, auroient pu, à la rigueur, ſuffire à leur ſubſiſtance, & les toiſons des animaux leur fournir des vêtemens; mais le déſir des commodités entraîna bientôt avec lui le goût du luxe, l'induſtrie fut forcée de multiplier & de perfectionner les productions de la terre, & d'en changer les formes; de là l'Agriculture, les Manufactures & tous les autres Arts utiles & agréables. Ils formerent autant de branches différentes de commerce, &

devinrent les ſources les plus fécondes de la puiſſance des Etats & du bonheur des Peuples. Ce ſeroit en effet s'abuſer de croire que le degré de la puiſſance ſe meſure par l'étendue des Provinces, & que le bonheur des Sujets ſe calcule par les richeſſes du Souverain. Un Etat n'eſt plus puiſſant qu'un autre que par la plus grande population, & la plus grande population ne peut ſubſiſter ſans une ſomme de travail proportionnée au nombre des bras que l'Agriculture & l'induſtrie doivent mettre en mouvement; l'une & l'autre ſont l'eſſence du Commerce. Sans l'induſtrie, les fruits de la terre n'auroient point de valeur; ſi l'Agriculture eſt négligée, les ſources du Commerce ſont taries. L'union de ces deux principes, agens de la puiſſance & du bonheur public, eſt telle, que ſi l'un l'emporte ſur l'autre, ils perdent inſenſiblement leurs forces réelles & relatives.

Ces idées préliminaires auroient peut-être beſoin d'un plus grand développement, pour être mieux ſenties; mais comme ce Mémoire eſt deſtiné pour des perſonnes inſtruites, on a cru devoir ſe borner à l'expoſition des principes généraux, pour les appliquer à l'état actuel de notre Agriculture & de notre induſtrie.

On croit devoir commencer par le tableau des produits de notre Agriculture. On préſentera enſuite celui de nos Manufactures. Quoique ces tableaux ne ſoient pas, à beaucoup près, auſſi exacts qu'on l'auroit déſiré, cependant ils ſuffiront pour mettre l'Adminiſtration à portée de juger ſi nous faiſons tout le commerce que nous pouvons faire, eu égard à la bonté de notre ſol, à ſa poſition, à ſon étendue, à la quotité de notre population, & aux reſſources du génie national : nous propoſerons nos réflexions ſur chaque eſpece de produits, ainſi que ſur notre commerce intérieur & extérieur, & ſur celui de nos Colonies : nous indiquerons en même temps les moyens que nous croyons les plus propres à leur donner toute l'étendue & toute l'activité dont ils ſont ſuſceptibles (1).

(1) Lorſqu'on a rédigé ce Mémoire, on ne connoiſſoit pas encore les demandes

PREMIERE PARTIE.

Agriculture.

Perſonne n'ignore que les différentes Provinces de la France offrent à l'induſtrie de ſes habitans preſque toutes les eſpeces de productions.

Les grains.

Les herbages propres à la nourriture des beſtiaux.

Les vins.

Les olives & autres fruits & graines propres à faire de l'huile.

Les fruits & légumes.

Les bois.

La laine.

La ſoie.

Le lin & le chanvre.

Les mouches produiſent la cire & le miel.

Grains.

Le pain eſt la nourriture la plus commune des Peuples de l'Europe ; par conſéquent les grains ſont la partie la

---

que les trois Ordres des différentes Provinces du Royaume ont chargé leurs Députés à l'Aſſemblée Nationale de faire. On a vu avec plaiſir qu'on avoit prévenu leurs déſirs ſur preſque tous les points relatifs au Commerce du Royaume, en ſorte que ce Mémoire pourra fournir des éclairciſſemens pour leur déciſion.

Pluſieurs Cahiers annoncent les vœux du Commerce pour la réviſion ou la réformation de l'Ordonnance de 1673. Ce travail eſt fait depuis long-temps. Les motifs des changemens qu'on propoſe de faire, y ſont expliqués. Mgr. le Garde des Sceaux a permis qu'il fût imprimé, & il le ſera bientôt. Comme ce n'eſt encore qu'un ſimple projet, les Chambres du Commerce & les Négocians du Royaume pourront propoſer leurs obſervations ; elles ſeront reçues avec empreſſement.

Toutes celles contenues dans les différens Cahiers des trois Ordres, tant ſur les Contraintes que ſur les Ceſſions de Biens, les Lettres de Répit, les Arrêts de Défenſes, les Faillites & Banqueroutes, les Revendications, les Demandes en Privilége & Préférence, enfin la Compétence des Juges qui doivent en connoître, ſont diſcutés dans le Projet, & forment autant d'articles nouveaux qu'on propoſe d'ajouter à l'Ordonnance de 1673.

plus néceſſaire du produit des terres, & celle dont la conſommation eſt la plus conſidérable.

Pour pouvoir déterminer la quantité de grains que la France conſomme, il faut connoître la ſomme totale de ſa population. Un Ouvrage fait depuis peu d'années, nous apprend que la population actuelle du Royaume eſt de vingt-quatre millions ſix cent mille individus de tous ſexes & de tout âge (1). Leur conſommation en pain doit être calculée environ d'une livre & un quart de grains pour chaque individu. Le calcul ne paroîtra pas exagéré, ſi l'on conſidere que le plus grand nombre des habitans de la France n'a d'autre aliment que le pain, quelques fruits & quelques légumes; que leur pain eſt rarement fait avec du froment; qu'ils ne boivent point de vin; qu'ils ſont expoſés à toutes les intempéries de l'air, & à la chaleur du ſoleil depuis ſon lever juſqu'à ſon coucher; que les travaux les plus pénibles leur ſont réſervés. Cette portion d'hommes mange chacun plus de trois livres de grains par jour: ainſi, compenſation faite de ce que ceux-ci conſomment de plus, avec ce que les perſonnes aiſées, les femmes & les enfans conſomment de moins, on croit ne pas s'écarter de la vérité en diſant que la conſommation générale des vingt-quatre-millions ſix cent mille individus doit être de cent treize millions de quintaux, poids de marc. Il faut ajouter à cet objet ce qui eſt néceſſaire pour la nourriture des animaux de différentes eſpeces, & ce qui eſt employé pour les braſſeries & les amidonneries, qu'on peut évaluer à vingt-ſept millions de quintaux. Plus, pour les ſemences qu'on doit regarder comme conſommées toutes les années, puiſqu'elles ſont indiſpenſables pour opérer une nouvelle reproduction, vingt-huit millions, ce qui fait monter à environ *CENT SOIXANTE-HUIT MILLIONS* la récolte néceſſaire pour que la France ne ſoit pas forcée d'avoir recours à l'Étranger. Cet apperçu ſuffit pour faire ſentir de quelle importance eſt

(1) Ouvrage de M. Necker ſur l'adminiſtration des Finances.

cette branche d'agriculture. On en ſera encore plus intimement convaincu, ſi on conſidere qu'un dixieme de *déficit* ſur nos récoltes pendant quelques années, peut appauvrir abſolument la France, en la privant annuellement de cent à cent vingt millions, tandis qu'un dixieme de ſuperflu ſur les mêmes récoltes procureroit une augmentation annuelle de ſoixante-dix à quatre-vingt millions dans notre numéraire.

Beaucoup d'Auteurs Anglois ont donné à ce ſujet dans des exagérations qui nuiſoient au ſuccès de la cauſe qu'ils vouloient défendre ; ils n'ont pas craint d'atteſter que la France pouvoit recueillir & avoit recueilli dans une ſeule année deux ou trois fois la quantité de grains néceſſaire à ſa conſommation, & que ces récoltes n'étoient pas rares. Par une ſuite de la même exagération, ils ont prétendu qu'en Angleterre une bonne récolte fourniſſoit à ſa conſommation de cinq années.

Avant de faire de pareilles aſſertions, ils auroient dû conſidérer qu'il n'étoit pas poſſible que dans ces prétendues années d'abondance, le prix des grains ne diminuât beaucoup; qu'en ſuppoſant que leur valeur commune fût tombée à quatre livres le quintal, & que la France n'eût vendu que la moitié de ſon ſuperflu, cette vente de quatre-vingt-quatre millions de quintaux auroit procuré trois cent trente-ſix millions de numéraire par an. Nous ſommes bien éloignés d'une pareille poſition. Depuis pluſieurs années, les récoltes de la France ont à peu près égalé ſa conſommation. Comme elle a vendu des parties de grains, elle a été obligée d'en acheter.

Le grain acheté coutant plus cher à l'Etat (1) que ne lui rapporte celui qu'il vend, la France a été obligée de payer à l'Etranger une ſolde en argent pour la balance de cet article. Cette perte de numéraire eſt le

(1) Les achats annoncent des beſoins, & la vente ſuppoſe du ſuperflu; mais les frais étant preſque tous contre l'acheteur, l'achat des grains emporte plus de numéraire que la vente n'en produit, en ſuppoſant les quantités égales.

moindre mal; il en est résulté un bien plus grand de ce que les grains s'étant soutenus depuis quelques années à un prix très-haut, & le Peuple ayant manqué plusieurs fois de travail, une grande partie de la Nation a moins consommé. C'est une triste vérité bien connue de tous ceux qui n'ont pas détourné leurs regards de dessus la partie souffrante de la Nation.

Nourriture des bestiaux.

La nourriture des animaux qui servent au labourage, & qui fournissent des engrais pour les terres, tient essentiellement à l'agriculture, & on peut dire que sans une grande nourriture de bestiaux, on n'aura jamais qu'une agriculture languissante. Cette nourriture, considérée dans ses rapports avec l'agriculture, mérite donc la plus grande attention. Elle n'en exige pas moins, si on l'envisage comme fournissant une partie de la subsistance des hommes.

Il seroit difficile d'établir des calculs qui pussent faire connoître exactement quelle est la consommation que la France fait en bestiaux pour la nourriture de ses habitans. La connoissance de la population du Royaume ne peut plus nous guider ici, comme pour la consommation des grains. Toutes les classes des Citoyens ne mangent pas également de la viande; il n'est que trop de malheureux pour qui c'est une nourriture presque inconnue; & quand même on sauroit exactement le nombre des hommes qui en consomment, on n'auroit encore rien de certain : chaque homme ne mange du pain que ce qu'il lui en faut; mais le riche a trouvé le moyen de multiplier étonnamment ses besoins en viande, il en prodigue une partie pour assaisonner l'autre. Cependant on peut donner un apperçu de notre consommation, en prenant, d'une part, pour base celle de Paris, qui est assez connue (1), & en n'évaluant

(1) On s'est réglé, pour évaluer la consommation de Paris sur les états annexés au Compte rendu par M. l'Abbé Terray, en 1774.

d'autre part, la consommation d'un habitant des Provinces ou des campagnes, qu'en raison du tiers de celle d'un habitant de la capitale, à l'exception néanmoins que les habitans de campagne mangent proportionnellement plus de porcs que ceux de Paris.

D'après ces observations, on peut conjecturer que la consommation de viande en France est de

Un million six centmille bœufs ou vaches.

Un million trois cent cinquante mille veaux.

Quatre millions de moutons.

Deux millions de porcs.

Dont la valeur numéraire peut être évaluée de TROIS CENT CINQUANTE à QUATRE CENTS MILLIONS.

Quelque incertain que soit ce calcul, cependant une note reçue du Bureau de la marque des cuirs le rend probable jusques à un certain point. En effet, il est constaté par cette note, qu'il se marque annuellement en France douze cent quatre-vingt mille cuirs de bœufs. Les Régisseurs du droit disent qu'il faut ajouter à cette quantité au moins un quart en sus pour les cuirs qu'on ne fait pas marquer, & dont on fraude le droit; ils disent de plus, qu'on compte douze peaux de veaux pour un cuir de bœuf. Les douze cent quatre-vingt mille cuirs supposent donc la consommation de dix-sept cent six mille, qui approche infiniment de celle de dix-sept cent douze *mille cinq cents*, à laquelle nous avons arbitré dans le calcul précédent un million six cent mille bœufs ou vaches, & les treize cent cinquante mille veaux qui, divisés par douze, forment une augmentation de cent douze mille cinq cents. Cette consommation est très-bornée, si on envisage la population de la France, puisqu'elle ne répond qu'à une dépense de *quinze à seize livres par tête*. Cependant la nourriture de nos bestiaux ne peut y suffire, & nous payons annuellement une balance à l'Étranger pour les viandes, ainsi que pour le beurre, le

(1) Dans les cinq années de 1777 à 1781, la France a payé, année commune,

fromage, le suif (1). La disette de ces objets nous prouve combien on a négligé en France les moyens d'y multiplier les bestiaux, quoique ce soit une des branches les plus importantes de notre agriculture.

Fourrages.

On auroit désiré pouvoir donner une évaluation du produit de nos prairies, soit naturelles, soit artificielles; mais outre que nous n'avons aucune notion pour faire cette évaluation, c'est que, dans le cas même où nous aurions des renseignemens certains de nos récoltes en fourrages de toute espece, nous ne pourrions pas en faire entrer la totalité dans la masse des revenus; il faudroit en distraire, 1°. la partie qui sert à nourrir les chevaux destinés au labourage, dont la dépense est comprise dans le produit des terres.

2°. Celle qui sert pour la nourriture des animaux engraissés pour les boucheries, car ce seroit faire un double emploi que de compter leur produit, & ensuite leur nourriture.

Il ne reste donc qu'à évaluer la partie des fourrages employés à nourrir; savoir, les chevaux des troupes, à raison de 30,000. 30,000

Ceux de selle, carrosses & autres voitures appartenantes à des particuliers, & destinés uniquement à leur commodité ou agrément; on peut en fixer la quantité à 60,000. 60,000

Les postes, relais & voitures publiques doivent en employer au moins 40,000. 40,000

La quantité de ceux destinés à transporter

---

six millions à l'Etranger pour la balance de ces différens articles, & près de onze millions en 1787.

Comme nous citerons souvent la balance de 1787, nous croyons devoir dire que la maniere dont elle est rédigée fait honneur à ceux qui sont à la tête de ce travail. Nous ne doutons point qu'il ne devienne de jour en jour plus instructif & plus utile, sur-tout d'après un Mémoire qui nous a été communiqué, & qui nous a paru contenir les vûes les plus saines sur le Commerce.

par

par la voie des Rouliers, les marchandiſes & les denrées, eſt la plus conſidérable; on ne croit pas exagérer en évaluant cette quantité à 160,000. 160,000

Enfin, les poulains ou jeunes chevaux qui ne ſont pas encore en état de ſervir, doivent former la quantité de 80,000. 80,000

TOTAL. 370,000

En calculant que chaque cheval conſomme par jour 8 livres de fourrages de toute eſpece, on trouvera que la conſommation totale forme un produit annuel d'environ 60 millions. Cet objet ne paroîtra pas porté trop haut, lorſqu'on fera attention qu'en général les chevaux de traits, & ſur-tout ceux des Rouliers, conſomment beaucoup plus que les autres, & n'ont pas la reſſource des pâtures en herbages.

Il ſeroit bien néceſſaire que nous puſſions récolter une plus grande quantité de fourrages pour améliorer notre Agriculture, qui manque en général de beſtiaux, &, par une ſuite néceſſaire, d'engrais. Cette partie eſt, de toutes, celle qui paroît mériter le plus l'attention du Gouvernement.

Vins.

Preſque toutes les Provinces de France produiſent le vin néceſſaire à leur conſommation; elles en fourniroient même au Commerce étranger, ſi la qualité médiocre des vins de pluſieurs de ces Provinces n'y mettoit un obſtacle, & ſi cet obſtacle n'étoit encore augmenté par les ſingulieres diſpoſitions de nos tarifs ſur les droits des Aides & des Traites. On a ſouvent multiplié les droits ſur des vins qu'on ne pouvoit eſpérer de vendre qu'à bas prix; on en détruiſoit néceſſairement la vente par cette ſurcharge que la valeur de la denrée ne pouvoit pas ſupporter, tandis que la diminution des droits en auroit facilité le commerce. Auſſi les Provinces qui ne donnent que des vins médiocres, ont été réduites à la conſommation intérieure. Les vins de pluſieurs autres contrées, tels que ceux de Champagne, de la Bourgogne, & ſur-tout de la Guienne, forment une branche conſidérable d'exportation ; d'autres Provinces fourniſſent des eaux-de-vie au Commerce extérieur; en ſorte que ces deux branches de notre Agriculture, malgré les gênes qu'elles éprouvent, ſont cependant celles qui contribuent le plus à augmenter la richeſſe Nationale : en effet, notre exportation à l'Etranger, en eaux-de-vie, ou en vin, s'éleve chaque année à plus de 30 millions.

Quant à la ſomme à laquelle monte notre conſommation intérieure, nous ne pouvons avoir que des notions imparfaites & incertaines. Le vin n'eſt pas, comme le pain, un premier beſoin de l'homme ; par conſéquent la connoiſſance de la population du Royaume ne peut nous être que d'un foible ſecours : les Regiſtres de la Régie des Aides ne nous donneroient pas des lumieres plus grandes, puiſque toutes les Provinces ne ſont pas aſſujetties aux droits d'Aides.

Le ſeul renſeignement que nous ayons pu nous procurer pour évaluer la conſommation générale du Royaume, a été les déclarations faites aux entrées de Paris. Suivant les états inſérés dans le Compte déjà cité de M. l'Abbé Terray, il y entre toutes les années 240 mille muids de vin, & 10 mille muids d'eau-de-vie; il faut au moins ajouter, pour les parties non déclarées, un ſixieme ſur le vin, & un quart ſur l'eau-de-vie, ce qui donneroit, en raiſon de la population, pour la conſommation du Royaume, plus de 10 millions de muids de vin, qu'on réduira à ſept millions, attendu que s'il y a des Provinces où il ſe conſomme plus de vin à proportion qu'à Paris, il y en a auſſi où il s'en conſomme beaucoup moins. La conſommation de l'eau-de-vie eſt à peu près la même par-tout. Comme celle de Paris, en raiſon de 680 mille habitans, eſt de

12,500 muids, y compris le quart non déclaré, nous trouvons environ 400,000 muids d'eau-de-vie pour la consommation du Royaume.

En portant à 40 livres le muid de vin, la bouteille ne revient qu'à 2 sous 10 deniers, & cependant forme un objet de 280 millions de livres tournois.

L'eau-de-vie, à 130 livres le muid, forme un second objet de 52 millions. On peut estimer les autres boissons, telles que la biere, le cidre, le poirée, &c. au moins 18 millions. La totalité de la consommation intérieure peut donc être évaluée 350 MILLIONS.

Indépendamment de cette masse de richesses, cette branche doit être envisagée comme très-importante par sa nature.

1°. La vigne peut se cultiver sur des terreins qui ne rapporteroient que peu ou point de grains. 2°. Cette culture occupe beaucoup plus de bras que celle des grains, & par-là elle est une précieuse ressource pour fournir de l'occupation au peuple. 3°. Les productions de cette branche d'Agriculture peuvent plus facilement se vendre au dehors, parce que tous les climats n'étant pas propres à la culture de la vigne, on trouve moins de concurrence à la vente. Les vins & eau-de-vie étant, à volume & poids égaux, d'une valeur bien plus considérable que les grains, les frais de transport n'en augmentent pas autant le prix. On doit donc regarder comme très-essentiel à la prospérité de l'Etat, d'animer cette branche d'Agriculture, & de lever les obstacles qui s'opposent à son accroissement.

Oliviers & graines propres à faire de l'huile.

L'huile est devenue un objet de consommation bien considérable; elle entre dans beaucoup d'alimens; les Arts, les Manufactures en ont un besoin continuel, & il s'en consomme beaucoup dans les lampes pour éclairer. Les huiles se tirent principalement des olives, des noix, de diverſes graines & de différens poiſſons. Nous ne faiſons point entrer dans cette article cet derniere ſource de production ; nous en parlerons ailleurs.

Les oliviers ne réuſſiſſent bien que dans deux de nos Provinces ; ils les enrichiſſent, & leur procurent les moyens de ſe pourvoir de grains dont pluſieurs de leurs cantons ne recueillent pas aſſez pour leur conſommation.

Différentes autres Provinces cultivent les graines propres à fournir de l'huile ; mais il en eſt beaucoup dans leſquelles cette culture eſt totalement ignorée. Cependant elle s'allie très-bien avec celle des grains, & elle fournit des moyens d'engraiſſer le bétail deſtiné aux boucheries.

Il eſt d'autant plus intéreſſant d'animer cette culture, que juſqu'à préſent le ſol de la France n'en n'a pas produit une quantité ſuffiſante pour fournir à ſa conſommation. Elle paye annuellement une balance conſidérable à l'Etranger pour cet objet (1).

Par le calcul des droits que le Roi en retire, on peut évaluer la conſommation annuelle de la France à 1 million de quintaux. Les droits impoſés ſur cette production, & la maniere onéreuſe dont ils ont été perçus lors de leur établiſſement, en ont empêché la culture. Ils ont été modérés depuis ; on a ſimplifié leur perception ; mais ces douceurs n'ont pas ſuffi pour ranimer cette branche d'induſtrie ; elle ne proſpérera parfaitement, que lorſqu'elle ſera affranchie de toute perception de droits, ou au moins

(1) De 1777 à 1781, la France a payé, année commune, 8 millions 300 mille livres pour la balance de cet objet, & 14 millions 900 mille livres en 1787.

Le droit ſur les huiles fût établi en 1705, pour ſe procurer la foible reſſource d'une ſomme de 750,000 liv. avancée par la Compagnie à laquelle on l'avoit aliéné. Il rapporte à préſent plus de 2 millions. La ſeptieme partie de la France ne paye pas de droits pour les huiles qui s'y fabriquent & s'y conſomment, & parmi les Provinces qui payent les droits, il y en a la moitié qui ſont abonnées. Ces obſervations ont été faites, lorſqu'on a évalué la production de cette denrée, à 1 million de quintaux.

qu'elle ne sera assujettie qu'à ceux que toutes les autres especes de productions payent.

Fruits & légumes.

Ces objets ne font pas une partie essentielle de la nourriture de l'homme; mais leur consommation est si considérable, que l'on ne sçauroit regarder leur culture comme un objet indifférent. Les légumes ont souvent été d'un grand secours dans les années peu abondantes en grains; c'est sans doute ce qui a engagé plusieurs bons Citoyens à en recommander la culture. Depuis quelques années surtout, on a cherché à tourner l'attention des Cultivateurs vers les différentes especes de pommes de terre; on ne peut que louer ce zele. Les pommes de terre viennent assez bien dans des terreins qui produisoient peu en grains; leur récolte est assez abondante, la nourriture est saine, quand ce légume n'a pas souffert ou de la gelée, ou de trop d'humidité. Mais sa conservation demande bien plus de précaution que celle des grains. Dès qu'il a été attaqué de la gelée, il s'altere. A l'approche du printemps, il commence à germer & devient nuisible à la santé; on ne doit plus l'employer à la nourriture des hommes: cet inconvénient grave, auquel on paroît avoir fait trop peu d'attention, empêchera toujours que, malgré ses avantages, la culture de cette espece de légume ne devienne une branche principale d'Agriculture. Différens autres légumes, tels que les navets de toutes especes, &c. &c. forment encore un objet important dans l'Agriculture, par le secours qu'ils procurent pour la nourriture des troupeaux de toute espece, dans la saison où les pâturages sont inabordables. Cette culture n'a pas été aussi animée en France qu'il auroit été à desirer qu'elle le fût.

Les fruits communs sont une grande douceur pour l'homme qui vit de son travail, & on doit desirer qu'il n'en manque pas. Cet aliment contribue souvent au soutien de sa santé. Les fruits plus recherchés sont regardés comme nécessaires sur la table des riches ; si le Royaume ne leur en fournissoit pas, ils les payeroient à l'Etranger. On en tire en effet quelques parties, mais qui sont compensées par d'autres que l'on exporte. En général les fruits & les légumes ne coutent ni ne rapportent rien à la France.

Il est des Provinces où la culture de la vigne a été remplacée par celle des pommiers & des poiriers dont le fruit sert à faire le cidre & le poiré ; cette boisson est assez saine ; la France n'en produit que la quantité nécessaire pour sa consommation.

Bois.

On assure que la France étoit autrefois couverte de forêts. Cette assertion paroît contredite par une autre qui se trouve dans le même Auteur. Il prétend qu'alors la France étoit beaucoup plus peuplée qu'elle ne l'est à présent. Cependant jamais pays couvert de bois ne put nourrir un peuple nombreux : ce qui a pu induire en erreur sur l'étendue que pouvoient avoir autrefois les forêts de la France, c'est le bas prix auquel étoit le bois de toute espece. C'est moins la diminution dans l'étendue des forêts qui a causé cette révolution dans le prix, que l'augmentation de la consommation, en tout genre, par l'établissement d'usines & manufactures, & par le grand luxe dans le chauffage des particuliers. Malgré cet accroissement de consommation, la France ne peut pas encore être regardée comme tributaire des Etrangers pour cet article. Si elle est obligée d'avoir recours à eux pour les bois propres à la Marine, d'autre part elle leur en fournit pour les convertir en planches ; mais il faut observer qu'elle n'est parvenue à se suffire à elle-même, qu'en consommant ses anciennes économies. On a mis en coupe des réserves, on a abrégé le temps fixé autrefois pour les coupes ordinaires, on a épuisé les magasins qui étoient abondamment pourvus & pour longues années, des bois destinés aux constructions de toute espece. Heureusement que la Nature nous a ménagé dans les mines de charbon de terre, une ressource contre la disette qui nous menace. Encourager l'exploitation de ces mines, & régler en même temps l'aménagement des bois, ce sera assurer à la Nation les moyens de se passer des Etrangers pour les constructions, l'entretien des usines & le chauffage.

Nous ne connoissons qu'un seul Auteur qui ait donné l'évaluation du produit général des bois & forêts du Royaume. Il le fait monter à 146 *millions* (1); nous prendrons cette fixation pour regle, jusqu'à ce que nous ayons pu nous procurer des états des bois de chaque Province. Il nous en a été déjà remis plusieurs, qui ne laissent rien à désirer.

Laine.

Le mouton est un des plus beaux présens que la Nature ait faits à l'homme ; il se nourrit de sa chair ; sa dépouille l'habille ; il n'est pas même obligé d'attendre la mort de cet animal pour jouir de sa toison : tous les ans il lui en fournit une nouvelle; son fumier est un des meilleurs engrais pour les terres. Sous tous ces rapports, la multiplication des troupeaux de moutons est une des branches les plus lucratives de l'industrie de la campagne : aussi peut-on dire que tout Agriculteur qui s'appliquera avec soin à l'éducation des moutons, acquerra une aisance qui lui procurera les moyens d'augmenter & de perfectionner la culture de ses terres ; car tout ce qui enrichit le Laboureur, est une source de nouveaux produits pour la terre; & on doit attribuer en partie la médiocrité de

(1) Feu M. de Mirabeau.

notre culture, à l'état de dépérissement de nos troupeaux de moutons. Quoique toutes nos Provinces soient propres à leur éducation, cependant il y en a peu où elle fasse un objet principal d'industrie; aussi nous manquons absolument de laine superfine, nous avons très-peu de laine fine, & nous n'avons pas assez de laine commune pour notre consommation.

Les deux premieres parties de cette assertion sont assez connues; la troisieme n'est pas moins vraie. Nous n'envoyons pas des laines à l'Etranger, ou au moins nous en exportons de si petites quantités, qu'elles ne peuvent être d'aucune considération; nous en tirons des parties considérables, qui nous coutent annuellement plusieurs millions (1).

On dira peut-être que si nous tirons des laines de l'Etranger, nous y envoyons des draperies & des lainages, & que si nos Manufactures en ce genre étoient bornées à notre propre consommation, nos récoltes en laines seroient suffisantes pour y fournir. Cette objection est détruite par des relevés dont les résultats prouvent, qu'en supposant même que la France ne fît aucune exportation de draps & de lainage, elle seroit toujours obligée de tirer des laines pour fournir à sa propre consommation. La disette des laines en France se prouve encore par leur haut prix. A qualité égale, elles sont beaucoup plus cheres que dans aucun autre pays. Le prix de nos laines médiocres est même plus haut que celui auquel on vend chez nos voisins des laines supérieures à tous égards aux nôtres.

Ce n'est pas tout: non seulement nous n'avons pas assez de laine, mais encore l'espece que nous avons est bien inférieure en qualité à celle que nous pourrions nous pro-

(1) De 1777 à 1781, l'importation des laines étrangeres a couté à la France, année commune, seize millions quatre cent mille livres, & un peu plus en 1787.

curer

curer. Cette infériorité est une suite de la négligence à soutenir & à perfectionner les races de nos moutons, tandis que nos voisins se sont constamment appliqués à l'améliorer les leurs, nous avons laissé abâtardir les nôtres. Il semble que les succès à cet égard des Nations nos rivales, bien loin d'exciter notre émulation, n'aient servi qu'à nous porter au désespoir de pouvoir les égaler. Cependant des essais tentés depuis quelques années, ont dû nous rassurer sur cet article; quoique ces épreuves n'aient pas été suivies comme il auroit été à désirer qu'elles le fussent, elles suffisent pour prouver que nous pouvons nous procurer toutes les qualités de laines convenables aux draps & lainages communs & demi-fins, & que l'on peut même espérer de parvenir à se procurer des laines superfines.

Ce n'est pas ici le lieu de développer les moyens d'y réussir. Nous avons remis, il y a déjà long-temps, au Gouvernement différens Mémoires, dans lesquels on fait sentir la nécessité de s'occuper de cet objet, & l'on détaille les méthodes convenables pour procurer à la France les races les plus parfaites, & les multiplier en proportion de nos besoins, qui sont très-étendus. Nous faisons des vœux pour qu'on prenne en considération les moyens contenus dans ce Mémoire. Quoique notre consommation soit très-inférieure à ce qu'elle devroit être, nous croyons cependant pouvoir assurer que nous recueillons, année commune, environ *trente millions* de livres pesant de laine. Ce calcul est fondé sur la même base dont nous sommes partis pour estimer la quantité de bestiaux qui se consomment, année commune, en France. Il est encore fondé sur l'état général des différentes especes de fabrications en laines & lainages du Royaume. Ces deux semi-preuves s'étayent mutuellement, & forment quelque chose de plus qu'une simple probabilité.

Soie.

La soie est la matiere premiere de beaucoup d'objets de manufactures. Le mûrier, dont les feuilles servent de nourriture au ver qui fournit la ſoie, réuſſit aſſez bien par-tout; il paroît cependant que les pays chauds ſont les plus propres à ſa culture. Les eſſais faits dans nos provinces de l'intérieur & du Nord, n'ont pas juſqu'à préſent fourni des ſoies dont la qualité approchât de celles de nos provinces méridionales. Sans blâmer la culture du mûrier dans les Provinces du Nord, on croit qu'il convient de l'animer de préférence dans celles où il réuſſit le mieux.

Quoique la France recueille à peu près une quantité de ſoies égale à celle dont elle auroit beſoin pour les différentes eſpeces de fabrication en ſoierie, néceſſaires à ſa conſommation; cependant il n'eſt pas moins vrai qu'elle eſt tributaire de l'Etranger (1) pour cette matiere premiere, en raiſon de la quantité d'étoffes & de bonneterie en ſoie qu'elle exporte. Elle le ſeroit beaucoup moins, ſi ceux qui récoltent des ſoies, vouloient ſe départir de leur ancienne routine dans les premieres opérations du tirage & de la filature, & ſe ſervir de moulins plus parfaits pour organciner leur ſoie. Pluſieurs établiſſemens formés en grand, ont prouvé que nous pouvions leur donner un degré de perfection égal à celui que leur donnent les Piémontois; mais en général on eſt fort éloigné en France de cette perfection. Quoiqu'il en ſoit, d'après les renſeignemens que nous nous ſommes procurés, nous croyons qu'on peut évaluer à *vingt-cinq millions* la totalité des ſoies que nous récoltons en France.

Le Lin & le Chanvre.

Il eſt peu de Provinces de France qui n'aient beaucoup de terreins propres à la culture de ces deux plantes précieuſes. Pluſieurs en fourniſſent d'une quantité ſupérieure.

(1) La balance payée à l'Etranger pour cet article, a paſſé vingt-ſept millions, année commune, dans les années 1777 à 1781, & à peu près autant en 1787.

On peut cependant assurer qu'aucune ne tire de cette culture tout le parti qu'elle offre à l'industrie. Elle est très-négligée, même dans les provinces qui y sont les plus propres; aussi payons-nous un tribut à l'Agriculture étrangere, pour alimenter nos fabriques de ces deux productions. Quelque négligées qu'elles soient, elles fournissent néanmoins à nos Manufactures pour plus de *cinquante millions de matiere premiere.* Quelle masse de richesses n'en devroit-on pas attendre, si elle étoit aussi animée qu'elle devroit l'être?

Education des Abeilles.

Cette branche d'industrie tient à l'Agriculture; elle ne peut s'exercer que dans la campagne. Elle est d'autant plus avantageuse, que tout est bénéfice. En effet, cet insecte précieux n'exige que quelques soins momentanés, & un très-petit local; il s'alimente sans rien retrancher sur la nourriture des hommes & des animaux. Son éducation très-facile, est beaucoup trop négligée en Frauce, où elle pourroit être une ressource pour les cantons moins favorisés de la Nature, & auxquels la vente de la cire & du miel procureroit une sorte d'aisance qu'ils ne peuvent espérer d'autres productions que leur sol leur refuse. Notre luxe, qui augmente journellement la consommation de la cire, feroit ainsi refluer dans les campagnes les plus misérables, l'aisance qu'il prodigue aujourd'hui à l'injustice étrangere (1).

En rapprochant les différens objets dont nous venons de parler, on voit que la France produit, année commune, cent soixante-huit millions de quintaux de grains de toute espece, d'où défalquant vingt-huit millions pour les semences, il reste, pour fournir aux consommations, cent

---

De 1777 à 1781, la France a payé, année commune, douze cent mille livres pour balance, tant de la cire que du miel, & près de quinze cent mille livres en 1783.

quarante millions de quintaux de grains, que l'on peut évaluer à cinq livres, ci. 700,000,000

Consommation en bestiaux..	400,000,000
Fourrages..	60,000,000
Vins & eaux-de-vie, environ..	350,000,000
Huiles, à peu près un million de quintaux à soixante livres..	60,000,000
Bois.	146,000,000
Laine, pour environ.	35,000,000
Soie, pour environ.	25,000,000
Lin & chanvre..	50,000,000
	1,826,000,000

Il faut déduire sur cette somme les frais de culture. On ne peut pas les évaluer à une somme moindre que la moitié du produit, eu égard aux avances en argent qu'exigent plusieurs objets, notamment l'achat des bestiaux pour la culture; ainsi le produit net ne seroit que d'environ neuf cents millions (1).

A la vérité, les fruits, légumes, cire, miel, charbon de terre, & les différens minéraux dont on parlera par la suite, ne sont point compris dans la somme totale de nos productions. Au premier aspect, une masse de richesses territoriales d'*un milliard huit cent vingt-six millions*, paroîtra sans doute considérable; mais qu'on la rapproche de l'étendue de la France (2), & de la population, on sera étonné qu'elle ne réponde qu'à un produit

(1) Le retranchement des frais de culture ne doit avoir lieu que pour la fixation du revenu net que retirent les Propriétaires, & pour déterminer la quotité des impositions qu'ils doivent supporter, puisque les Cultivateurs vivent sur les frais de culture, comme les Propriétaires vivent sur le revenu net. On auroit pu mettre dans une classe à part le produit des bois & celui des prairies qui ne sont susceptibles que d'un léger retranchement pour les frais de culture; mais comme on s'est proposé de ne présenter que des masses, on a pensé qu'on pouvoit se dispenser de faire cette distinction.

(2) Dans un Ouvrage intitulé, *Tableau Territorial de la France*, on articule, 1°. que M. de Vauban évalue l'étendue de la France à trente mille lieues quar-

de 67755 liv. par lieue quarrée, & à environ 74 liv. pour chaque habitant. On sera alors frappé de ce qu'un royaume, qui passe assez généralement pour très-fertile, & dont l'heureuse position entre les froids glaçans du Nord, & les chaleurs desséchantes du Midi, lui permet d'aspirer à toutes les especes de productions, fournisse à peine à sa propre consommation, qui n'approche pas de ce qu'elle pourroit & devroit être. Ce n'est pas dans les grandes villes que l'on peut juger de ce défaut de consommation, l'éclat des prodigalités du riche empêche de reconnoître les privations de la classe nombreuse de ceux qui ne vivent que de leur travail. On ne peut bien observer l'insuffisance des produits de notre sol, que dans les petites villes & dans les campagnes, où le peuple mal nourri est souvent réduit à ne consommer que ce qu'il lui faut pour ne pas mourir de besoin, & est obligé de se priver & de refuser à ses enfans ce qui seroit nécessaire au soutien & à l'accroissement de leurs forces. C'est cependant dans la force & dans la multitude des bras des Cultivateurs[a], que résident la puissance & les richesses de l'État. Comment des corps énervés par la disette pourront-ils le défendre contre ses ennemis, s'il est attaqué? Comment forceront-ils la terre, par leur travail, à renouveler sans cesse ses productions? Ne nous abusons pas; l'espece hu-

---

rées, ce qui donne cent quarante millions neuf cent quarante mille arpens de terre, dont cent douze millions sept cent soixante mille en culture.

2°. Que l'Auteur de l'Apologie sur l'Edit de Nantes porte son évaluation à cent trente-cinq millions six cent mille arpens, dont soixante-dix millions quatre cent soixante-dix mille arpens seulement en culture.

3°. Que M. de Voltaire, dans l'*Homme aux quarante écus*, évalue les terres de la France à cent trente millions d'arpens, & qu'il réduit à soixante-cinq millions celles en culture.

4°. Que M. Necker porte son évaluation à vingt-six mille neuf cent cinquante-une lieues quarrées, ce qui donne cent vingt-six millions six cent treize mille cent quatre-vingt-dix-huit arpens. M. Necker ne s'explique pas sur la quantité de terre en culture. --- Nous nous sommes arrêtés à l'évaluation faite par M. Necker.

maine a beaucoup dégénéré en France ; n'en attribuons la cause qu'à la misere dans laquelle le Cultivateur est plongé, & à la corruption des mœurs parmi les riches ; les germes productifs ont à peine la force d'éclore, & sont étouffés le plus souvent dans leur naissance. Ceux qui se développent ne forment que de chetifs rejetons qui sont bientôt desséchés, & manquent de la vigueur nécessaire pour se reproduire. Les années abondantes en grains ne laissent à la France qu'un léger superflu ; & dans les années de récoltes médiocres, elle seroit privée du nécessaire, sans le retranchement des consommations, auquel se réduit la classe indigente. Le plus grand nombre de ceux qui composent cette classe est dans l'impossibilité de consommer des viandes, ou ne consomme que des viandes salées, & encore rarement. Nous sommes obligés d'avoir recours à l'Etranger pour les huiles, la laine, le lin, le chanvre & la cire ; en sorte que, parmi les différentes branches de notre Agriculture, il n'y a réellement que la vente de nos vins à l'Etranger, qui augmente nos richesses nationales, jusques à concurrence d'une somme d'environ trente millions par année. Ce produit est précieux sans doute ; mais il ne sçauroit nous dédommager de la perte que nous éprouvons par l'engourdissement dans lequel sont plongées les autres parties de la culture ; elle est à la terre ce que l'aisance est au Cultivateur. Peut-être que jusqu'à présent on n'a pas assez considéré combien l'une influe sur l'autre : peut-être aussi que la misere des gens de la campagne n'a pas été assez calculée. On ne sçauroit trop fixer ses regards sur cet objet, sur-tout aujourd'hui que le Commerce ne présente à aucune Nation de l'Europe des moyens légitimes d'acquérir de grandes richesses hors de son territoire. Les richesses territoriales seront, plus que jamais, les vraies richesses de l'Etat ; & le Gouvernement, qui appliquera l'industrie nationale à leur donner toute leur valeur, sera celui qui procurera à la Nation la puissance la plus solide.

DEUXIEME PARTIE.

Manufactures.

Dans le nombre des moyens qui peuvent contribuer à donner le plus de valeur aux produits de notre Agriculture, les Manufactures doivent inconteſtablement tenir le premier rang, puiſqu'elles lui procurent l'avantage ineſtimable d'employer les bras d'un nombre conſidérable de ſujets, qui, ſans elle, reſteroient oiſifs & ſeroient livrés aux horreurs de la miſere.

De ce premier avantage en réſulte un ſecond, qui n'eſt pas moins important: c'eſt que plus le goût du travail eſt répandu, moins eſt cher le prix de la main-d'œuvre: cette cherté moindre opere à ſon tour un débit plus facile des productions de l'induſtrie, & à égalité de prix des matieres premieres, elle aſſure à une Nation la préférence ſur celle où la main-d'œuvre coute davantage.

Ces principes préſuppoſés, nous allons expoſer le tableau général de nos différentes eſpeces de fabrications. Il a été dreſſé d'après des états particuliers de chaque Province. Malgré cela, nous ne le regardons que comme approximatif de la vérité; il pourra, dans la ſuite des temps, devenir plus parfait, & par conſéquent plus inſtructif.

Nous commencerons par l'eſpece de fabrication dont le pauvre, comme le riche, fait uſage.

Toiles & Toileries.

Toiles de lin & de chanvre.

On peut en diſtinguer deux claſſes principales.

1°. Les toileries en lin & en chanvre.

2°. Les toileries en coton, ou mélangées de coton, & de lin ou chanvre.

Nos Manufactures en toileries de lin & de chanvre forment une branche bien importante de l'industrie nationale. Nous avions autrefois une supériorité bien marquée sur toutes les Fabriques étrangeres dans plusieurs especes de toiles. Aussi le débouché de nos Fabriques n'étoit pas borné à la consommation intérieure ; nous en exportions des parties considérables ; l'Espagne & ses Colonies en Amérique s'approvisionnoient presque uniquement de nos toiles. Nous partageons actuellement cette fourniture avec beaucoup d'autres Nations, notamment avec la Silésie, la Flandre Autrichienne, & l'Irlande. D'un autre côté, l'Espagne a cherché à ranimer chez elle la fabrication. Ce n'est pas tout ; notre consommation intérieure souffre par l'effet de l'importation des parties considérables de toileries étrangeres de tout genre, & entre autres des toileries en coton, ou mélangées de coton, de lin & de chanvre. Le goût pour les habillemens en blanc est devenu si dominant, que nos Manufactures en ce genre auroient dû, ce semble, prendre de l'accroissement ; cependant elles languissent ; nos Ouvriers sont désœuvrés : la raison n'est pas difficile à trouver, les Manufactures étrangeres peuvent donner leurs toiles à meilleur marché que nous ; elles sont sûres de la préférence. Quant aux mousselines, on peut à peine regarder leur fabrication comme existante en France. Nous n'en sommes encore qu'à des essais, au moins en ce qui concerne les mousselines d'une certaine finesse. En attendant que nous ayons réussi à en fabriquer de cette espece à un prix modéré, nous consommons celle de l'Inde & de la Suisse. Comme cette consommation s'étend tous les jours, il paroît digne de l'attention du Gouvernement de ne pas négliger les moyens de naturaliser cette fabrication chez nous. Nous y avons double intérêt : celui de procurer le débouché d'une production de nos Colonies, & celui de donner de l'occupation au Peuple, sur-tout aux femmes & aux enfans. La foiblesse de leur sexe ou de leur âge ne leur permettant pas de se livrer aux travaux de l'Agriculture, ni d'exercer des métiers qui exigent de la force, il est

Toiles en coton pur ou mélangé.

Mousselines.

est bien intéressant de leur assurer du travail, qui, étant à leur portée, leur donne les moyens de subsister. Et quelles Fabriques peuvent mieux remplir cet objet, que celles des toileries en général ? Puisque dans les mousselines presque tout est main-d'œuvre, & que dans les autres especes de toiles, on peut regarder que la matiere ne fait que le quart de la valeur, le reste est pour les frais & pour le bénéfice de la fabrication.

Nous tirons de l'Etranger une partie des matieres premieres qui alimentent nos toileries de toute espece (1). Nous pourrions facilement nous les procurer chez nous ; j'y comprends même le coton, puisque nos Colonies pourroient en alimenter nos Fabriques. La culture de ce précieux végétal ne sçauroit être trop encouragée dans nos possessions en Amérique, non seulement parce qu'elles ne nous fournissent pas la quantité dont nous avons besoin, mais encore parce que les cotons qu'on y récolte sont en général supérieurs en qualité à ceux du Levant. Ils ne peuvent, à la vérité, convenir aux cotonnades communes, & nous serions toujours obligés d'avoir recours aux cotons du Levant pour ces étoffes ordinaires ; mais nous vendrions une plus grande quantité de ceux que produiroient nos Colonies ; & bien loin d'être tributaires pour cet objet des Puissances rivales, nous aurions l'avantage sur elles. Dans l'état actuel des choses, la quantité des cotons fins que nous exportons n'équivaut pas à celle que nous importons, & cependant il s'en faut de beaucoup que nos Fabriques en consomment autant qu'elles le pourroient. Ce fait est prouvé par les achats que nous faisons des cotonnades étrangeres, & par l'inaction de plusieurs de nos Manufactures. Nous devons ajouter qu'un grand nombre de celles qui sont en activité tirent de l'Etranger des parties consi-

(1) Les fils de lin & de chanvre ont coûté, année commune, de 1777 à 1781, 550 mille livres, & près de 3 millions 300 mille livres en 1787.

dérables de cotons filés, & privent le Peuple du salaire que la filature de ce coton devroit lui procurer; & comme cette façon est la grosse dépense de la fabrication dans ce genre, nous perdons une grande partie de l'avantage que nous pourrions en retirer. Ce mal est encore plus grand que le premier, & exige que le Gouvernement fasse tous ses efforts pour y remédier.

Quoi qu'il en soit, on peut évaluer à environ 200 *millions*, année commune, toutes nos différentes especes de fabrications en toiles & toileries.

Bonneterie en fil & coton.

Nos Manufactures de bonneterie en fil & en coton se ressentent encore plus que les toileries, de la langueur causée par la concurrence étrangere, soit au dedans, soit hors du Royaume. On voit avec douleur d'anciens Entrepreneurs de Fabriques dans ce genre, renoncer à la fabrication, pour se livrer au Commerce des productions des Manufactures étrangeres. Il ne se forme presque plus d'Ouvriers dans nos ateliers, qui bientôt seront déserts.

Notre bonneterie en fil peut aller, année commune, à.	6,000,000
Celle en coton, à.	9,000,000
Ces deux sommes jointes à celle de à laquelle nous évaluons le montant de nos fabrications en toiles de lin, chanvre & coton, nous donnent un total de.	200,000,000
	215,000,000

Mais la totalité de cette somme ne peut être regardée comme faisant partie de la richesse nationale. La valeur des matieres premieres doit en être distraite.

En effet, ou elles proviennent de notre sol, ou bien nous les tirons de l'Etranger. Dans le premier cas, ce seroit faire un double emploi que de les comprendre dans le produit de notre industrie, puisqu'elles font partie des productions de notre territoire. Dans le second cas, leur valeur diminue d'autant celle des étoffes fabriquées.

Cette observation doit s'appliquer à toutes les especes

de fabrications. On ne la répétera plus ; on se contentera de défalquer le montant des matieres premieres de la valeur de chaque espece fabriquée.

La main-d'œuvre pour les fabrications en lin & chanvre, fait plus des quatre cinquiemes du prix des toiles, & elle monte environ aux deux troisiemes sur les cotonnades. On peut regarder comme un résultat approchant de la vérité, que la main-d'œuvre sur ces objets entre pour les trois quatriemes dans leur valeur, & la matiere premiere pour un quart. Les productions de notre fabrication étant un objet de 215 millions, nous devons porter le montant de la main-d'œuvre à 161 *millions* 250 *mille livres.*

Dentelles.

La matiere premiere peut à peine être comptée pour quelque chose dans la fabrique des dentelles. On peut dire que tout y est main-d'œuvre, & que ces Fabriques créent les ouvrages qu'elles produisent. Les révolutions de la mode ont beaucoup ralenti la consommation des dentelles. Mais quoique cette branche ne soit pas aussi animée qu'elle l'a été autrefois, nous ne profitons qu'en partie du bénéfice de la petite quantité que nous faisons, puisque nous tirons de l'Etranger une partie du fil qui sert à la fabrication des dentelles.

Nous n'avons rien découvert qui ait pu nous faire connoître à combien monte leur produit ; mais après avoir beaucoup considéré la quantité de petites dentelles qui se fabriquent dans les campagnes, notamment dans le Velay, nous croyons qu'on peut en évaluer la main-d'œuvre à 10 *millions.*

Pour traiter de toutes les Fabriques qui emploient le lin & le chanvre, nous aurions désiré de pouvoir donner un apperçu des rubans de fil, lacets, fils à coudre, cordes, cordages & filets qui se font & se consomment en France ; la quantité en est considérable ; mais les renseignemens nous manquent également sur cet objet. Nous en estimerons la main-d'œuvre à la même somme de 10 *millions.*

Lainages.

Les Manufactures de lainages comprennent les draperies, sergeteries, cameloteries, & autres Fabriques de toute espece qui emploient la laine.

Cette branche d'industrie est très-animée en France; & cependant il s'en faut de beaucoup qu'elle soit dans l'état de prospérité que l'on pourroit lui procurer. Les Manufactures les plus florissantes en ce genre sont celles des draperies fines; elles fournissent à presque toute la consommation intérieure, & elles forment une branche d'exportation. Mais cette prospérité n'est pas tout à l'avantage de l'Etat. Les matieres premieres, qui sont l'aliment de ces Manufactures, se tirent de l'Etranger, & le montant de ce qui se vend au dehors en draperies fines, ne suffit pas pour solder l'achat des matieres premieres qu'elles consomment. Malgré cela, elles sont très-précieuses, puisqu'elles fournissent de l'occupation à un grand nombre d'Ouvriers : si elles n'existoient pas, on consommeroit toujours en France à peu près autant de draperies fines, & on payeroit un tribut de plus à l'industrie étrangere. Il est donc essentiel de veiller à la conservation de ces Manufactures, en procurant toutes les facilités possibles pour l'importation des matieres premieres qui les alimentent; sans cependant négliger les moyens qui pourroient en naturaliser la production en France. Pour faire sentir combien il est important de n'avoir plus recours à l'Etranger pour cet objet, il suffit de réfléchir que tant que nous serons forcés de nous adresser au dehors pour alimenter nos Fabriques, elles seront toujours dans un état précaire & dépendant. Si l'Espagne prenoit pour ses laines le même parti que l'Angleterre a pris & soutenu pour les siennes, nos Manufactures de draperies fines tomberoient de suite,

Draperies fines.

faute d'aliment. Dans l'état actuel, le montant de notre fabrication en draperies fines peut être évalué à 40 *millions*.

Draperies communes, fergeteries & cameloteries.

Si on ne confidéroit que la maffe des productions des draperies communes, des fergeteries & cameloteries, on pourroit les croire plus floriffantes que les Fabriques des draperies fines. En effet, les établiffemens de ces dernieres font en petit nombre, au lieu que dans toutes les Provinces on fabrique des draperies communes. Mais fi l'on envifage l'étendue dont l'une & l'autre branche font fufceptibles, on fe convaincra que les draperies fines ont prefque atteint le degré d'accroiffement auquel elles peuvent arriver ; au lieu que les Fabriques de draperies communes font infiniment moins actives & moins parfaites qu'elles ne devroient l'être. Quoique la confommation générale des draperies communes & des fergeteries foit beaucoup plus confidérable que celle des draperies fines, nous n'envoyons pas plus des unes que des autres à l'Etranger. Notre confommation intérieure eft beaucoup au deffous de ce qu'elle devroit être, vu la population du Royaume. La mifere du Peuple, fur-tout dans certains cantons, le met hors d'état de s'habiller à neuf. Des haillons de toiles groffieres dans toutes les faifons, compofent l'habillement des Payfans dans plufieurs de nos Provinces.

Quelle différence entre notre pofition à cet égard, & celle de l'Angleterre ! Le Peuple eft en général bien vêtu en Angleterre, auffi la confommation intérieure y eft très-confidérable ; & cependant les Anglois fourniffent prefque exclufivement les grands marchés de l'Europe, en draperie commune, fergeterie, cameloterie. Leur exportation en ce genre eft au moins triple de celle que nous faifons en toute efpece de lainage. La qualité particuliere & le bas prix de leurs laines leur vaudront la fupériorité fur leurs concurrens, jufqu'à ce que, par des précautions fages & fuivies, nous nous foyons procuré les mêmes avantages, ou au moins jufqu'à ce que nous ayons cherché à les compenser par l'économie sur la fabrication, & par des attentions suivies sur sa perfection.

Les draperies communes & les sergeteries sont une branche précieuse d'industrie; 1°. parce qu'elles consomment nos matieres premieres. 2°. Parce qu'exigeant moins d'industrie, & moins de fonds d'avance que les draperies fines, elles peuvent se fabriquer par-tout, & procurer de l'occupation à toutes les classes des habitans de la campagne, qui ne sont pas occupés aux travaux de l'Agriculture; & ceux même qui s'y livrent habituellement, peuvent s'occuper de ces fabriques quand les travaux de la campagne sont interrompus.

3°. Leur consommation étant presque générale, les Manufacturiers en trouveront toujours le débouché, à moins qu'ils ne soient gênés par des importations de marchandises étrangeres de même espece.

Les camelots, les étamines, sont une partie intéressante pour les Manufactures de lainage, en ce qu'elles consomment peu de matieres, en raison de leur valeur, qui est en plus grande partie pour le prix de la main-d'œuvre : il en résulte qu'elles procurent une masse de travail beaucoup plus considérable que ne sembleroit l'indiquer, au premier apperçu, leur valeur numéraire. Leur conservation & leur accroissement sont donc bien à désirer chez une Nation qui manque de matieres premieres, & qui a des bras oisifs.

Notre fabrication en tous ces différens articles peut faire un objet de 100 *millions*.

Chapellerie. Notre Chapellerie, autrefois si florissante, est actuellement presque réduite à la consommation intérieure. L'établissement des Fabriques de chapeaux dans différens pays de l'Europe, que la France fournissoit autrefois, & le renchérissement des matieres premieres, ont été les causes de cette diminution. On ne sçauroit espérer de voir ce commerce reprendre l'activité d'exportation qui l'enrichissoit autrefois. Il n'a pas été possible de se procurer des renſeignemens aſſez ſûrs pour établir une évaluation de la valeur numéraire de notre fabrication en ce genre ; cependant, en conſidérant qu'il peut y avoir 9 à 10 millions de perſonnes en France qui conſomment des chapeaux, & en évaluant la conſommation annuelle de chacun à 2 livres, on auroit environ 20 *millions* pour le montant de notre fabrication en chapellerie ; calcul que l'on peut adopter, en réfléchiſſant que le montant des exportations compenſe bien ce qu'il pourroit y avoir d'éxagéré dans l'évaluation de la conſommation intérieure.

La bonneterie en laine déchoit journellement ; elle ne peut ſoutenir la concurrence des Anglois, qui ont ſur nous l'avantage du bas prix, de la bonne qualité, & d'un emploi plus induſtrieux de la matiere premiere. Cette branche d'induſtrie eſt précieuſe par les mêmes motifs qui doivent faire eſtimer les draperies communes. Des obſervations ſuivies ſur les avantages du Commerce & ſur ſa marche, ont dû faire reconnoître depuis long-temps, combien les Fabriques communes contribuent plus à la proſpérité de l'Etat que celles de luxe. On doit bien regretter que cette vérité ait été long-temps méconnue. On a été trop ébloui par l'éclat des Manufactures en draperies fines & en ſoieries & dorures. Bonneteries en laine.

Les productions de notre fabrication en bonneteries de laine peuvent aller à 25 *millions*.

Ainſi, en réſumant les différentes branches de nos Fabriques de lainage, on voit que le montant des draperies fines eſt un objet de 40 *millions*, ci 40,000,000

Celui des draperies communes, ſergeterie, cameloterie, *cent millions*, ci 100,000,000

Chapellerie, *vingt millions*, ci 20,000,000

Bonneterie, *vingt-cinq millions*, ci . . . 25,000,000

185,000,000

Tous les genres de fabrication en lainages rapprochés, on peut eſtimer que le prix de la main-d'œuvre fait moitié du montant total de ces productions ; on peut donc porter pour cet objet la ſomme de 92 *millions* 500 *mille liv.*

Soierie.

Etoffes de ſoie brochées en or & argent.

Nos Manufactures en ce genre ont été pendant long-temps très-floriſſantes. Le talent de nos Deſſinateurs, dont le goût produiſoit continuellement des nouveautés agréables, aſſuroit à nos Manufactures une ſupériorité décidée ſur toutes celles que l'on tentoit d'établir à l'Etranger. Nous avons bien perdu de ces avantages. Il eſt peu de pays en état de conſommer des étoffes de ſoie, qui n'aient formé des établiſſemens conſidérables dans ce genre. Auſſi nos Fabriques de ſoierie déclinent-t-elles plutôt qu'elles n'augmentent, quoique le luxe de la ſoierie ait gagné bien des claſſes de Citoyens auxquels il étoit inconnu autrefois. On ne peut guere avoir l'eſpérance de leur voir reprendre leur ancienne activité, à moins que la conſommation intérieure ne ſe ranime par un changement général dans la maniere de penſer des femmes ſur la parure. Les toiles & toileries peintes, & enſuite celles en blanc de toutes eſpeces, leur ont paru mériter la préférence ſur les plus belles étoffes de ſoie. Ce changement de goût n'auroit porté aucun préjudice au Royaume, il y auroit même gagné, ſi nos toiles euſſent égalé en fineſſe & en beauté celles étrangeres ; mais comme elles ne pouvoient, à aucuns égards, ſoutenir la concurrence, la perte que nous avons faite, quant au défaut de conſommation des étoffes riches, a été d'autant plus grande, que toutes les Cours étrangeres ſe modelant aſſez généralement pour les modes, ſur celles de France, n'ont plus été auſſi empreſſées qu'autrefois d'avoir tout ce qui ſe faiſoit de plus beau dans ce genre pour vêtemens & pour meubles : il eſt fort à craindre que ce goût ne reprenne pas. Cependant, malgré la perte que nous avons faite de l'article des étoffes riches, & quoiqu'il ſoit vrai en général que les

les Manufactures de soieries ne soient pas aussi importantes qu'on seroit tenté de le croire, en ne s'arrêtant qu'à la masse de leur produit, il n'est pas moins vrai, d'un autre côté, qu'elles fournissent encore une somme de travail considérable aux Ouvriers pour la fabrication des étoffes unies & mi-riches, & que si nous ne veillons pas avec la plus grande attention à conserver ces tristes restes de notre industrie, nous deviendrons, même à cet égard, tributaires de l'Etranger, qui a la matiere premiere à beaucoup meilleur compte que nous. Nous ne le sommes déjà que trop pour cet objet ; il seroit possible de ne pas l'être en favorisant la culture de nos mûriers, & en adoptant pour le tirage des soies les réglemens sages de nos voisins.

Dans l'état actuel des choses, on peut évaluer le montant de notre fabrication en étoffes de soie à environ 70 *millions*, ci. . .	70,000,000
A quoi il faut ajouter pour le montant des productions de notre bonneterie en soie, 25 *millions*, ci.	25,000,000
Il faut encore y joindre la valeur des rubans, gazes, blondes, & des ouvrages de passementerie, qu'on peut évaluer 30 *millions*, ci.	30,000,000
	125,000,000

La main-d'œuvre sur les ouvrages en soie ne va pas au delà du tiers de la valeur des productions ; ainsi le montant de toute notre fabrication en soierie étant de 125 *millions*, on a pour la valeur de la main-d'œuvre un peu plus de 41 *millions* 600 *mille livres*, ci.	41,600,000

Modes.

Nous n'achetons rien à l'Etranger pour cette branche d'industrie. Depuis long-temps il paye un tribut assez considérable au goût de nos Artistes en ce genre ; cependant l'exportation en est bien diminuée, depuis que les établissemens se sont multipliés dans différens Etats de l'Europe. La facilité que nous avons eue d'y envoyer des mannequins ou poupées habillées à la françoise, a produit, en ce genre, le même mal que l'envoi des échantillons. Les Etrangers ont copié ceux-ci pour la fabrication & les dessins de leurs étoffes, de même qu'ils ont imité nos modes pour les vêtemens. Mais comme les modes & les dessins sont plutôt le produit de l'esprit inventif & même de la fantaisie, que du bon goût, nous aurons toujours de l'avantage sur eux pour toutes les nouveautés; aussi notre consommation intérieure en choses de modes, est-elle aussi forte que l'on puisse le désirer. Cette branche d'industrie n'est pas à mépriser, puisqu'elle fournit du travail au peuple; mais ce n'est pas celle que les bons Citoyens souhaiteroient le plus de voir s'accroître. Heureusement la main-d'œuvre, pour lui donner toute l'élégance & la perfection nécessaire & capable de séduire, ne peut réussir que dans la capitale, ou dans quelques grandes villes, dont les habitans soient assez opulens pour payer une contribution au luxe : c'est de là que les articles de ce genre refluent dans les Provinces; la tentation est moins prochaine, par conséquent moins dangereuse.

Comme toutes les choses nécessaires pour les modes nouvelles font partie de nos différentes fabrications qui ont déjà été estimées, on ne doit faire entrer dans le calcul des produits généraux de notre industrie, que la main-d'œuvre; nous croyons qu'elle peut être évaluée à 5 *millions*.

Ameublemens.

Nous ne comprenons dans cet article que les tentures pour tapisseries, & les étoffes nécessaires pour couvrir les meubles meublans.

Avant que les toiles & les papiers peints aient eu la vogue qu'ils ont aujourd'hui, nous étions fondés à dire que nos tentures de soie en damas de trois couleurs, ou en étoffes brochées & nuées ; furpassoient en beauté toutes celles qui se fabriquoient dans l'Etranger. La République de Gênes marchoit d'un pas égal avec nous pour la perfection de la fabrication de damas ; mais nous l'emportions sur elle par la beauté & la variété de nos dessins. La diminution de la consommation de ce genre de tentures en a opéré une considérable dans la fabrication des étoffes de soie qui se faisoient à Tours & à Lyon. On y fabrique encore une certaine quantité d'étoffes brochées & nuées pour meubles ; leur valeur fait partie de la somme à laquelle nous avons fixé le produit des étoffes en soie. Ainsi nous ne le comprendrons point ici, & nous ne parlerons que des tentures faites en tapisserie.

Nous avons entendu dire qu'il s'en fabrique dans les deux Manufactures du Roi, des Gobelins & de la Savonnerie, année commune, pour environ *un million* ; nous en doutons : considération faite de la somme à laquelle on peut porter la fabrication des tentures de Beauvais, de celles d'Aubusson & Feuilletin. On n'en fabrique pas, année commune, dans les trois Manufactures, pour plus de 400 *mille liv.*, y compris même les tapis de pied ; cependant elles se vendent meilleur marché que celles des Gobelins, qui sont presque toutes destinées, ainsi que les beaux tapis de pied de la Savonnerie, à faire des présens aux Souverains Etrangers ou à leurs Ambassadeurs. Sous ce point de vue, la dépense, telle qu'elle puisse être, est de l'argent bien employé, parce que, d'une part, elle occupe des bras ; que d'autre part, elle perfectionne l'Art de la Tapisserie ; & qu'enfin elle donne aux Etrangers une juste idée de l'industrie Françoise, lorsqu'elle veut atteindre au plus haut degré dans tous les genres. Tapisseries.

La Manufacture de Beauvais, quoique moins parfaite que celle des Gobelins & que celle de la Savonnerie, a fait cependant des progrès considérables depuis quelques années ; elle tient le milieu entre celles-ci & celles d'Aubusson, qui ont également acquis beaucoup de perfection dans la partie des fleurs & dans l'imitation des animaux ; mais ces branches de Commerce ne seront jamais bien considérables, attendu la cherté de la fabrication.

Il se fabrique aussi des tapisseries d'une très-basse qualité à Nancy, & d'autres en Flandre un peu supérieures à celles de Lorraine. Toutes ces différentes especes de fabrication ne forment pas un objet de 800 *mille livres*, sur lesquelles, déduction faite d'une moitié pour la valeur des matieres premieres & de la teinture, il reste à peine pour la main-d'œuvre 400 *mille livres*. En supposant que les Gobelins & la Savonnerie donnent un produit égal, le total ne sera que de 800 *mille livres*, ci 800,000 liv.

Mercerie & Quincaillerie.

La mercerie & la quincaillerie, en tous genres, pourroient être une source intarissable d'occupation pour le peuple ; leurs travaux multipliés & variés à l'infini, se prêtent à tous les degrés possibles d'industrie, d'adresse & de force. La consommation en est considérable, puisque toutes les classes de la Société ont un besoin continuel de leurs productions. Nous en fournissons quelques parties à l'Etranger ; mais elles n'approchent pas de la masse de nos importations. Cet objet a paru mériter depuis quelque temps l'attention du Gouvernement, principalement en ce qui concerne la partie de la quincaillerie proprement dite, qui peut-être avoit été trop négligée. La mauvaise qualité de nos aciers avoit contribué à notre assoupissement ; il faut espérer qu'avant peu nous en sortirons (1).

La variété des productions de la mercerie & de la

(1) Il a été formé depuis quelque temps deux établissemens assez considérables, l'un placé à l'Hôpital des Quinze-Vingts, rue Charenton, dans lequel on polit l'acier aussi parfaitement qu'en Angleterre ; l'autre placé à l'Hôtel de Pomponne, rue de la Verrerie, destiné à plaquer l'or & l'argent sur les métaux. Ces deux établissemens ont reçu du Gouvernement des encouragemens assez considérables.

quincaillerie, ainſi que de leur prix dans chaque eſpece, ne permet guere de faire une évaluation juſte de leur montant. Il faudroit pour cela des relevés qu'il ſera toujours très-difficile de ſe procurer. Cependant on pourroit penſer que chaque perſonne conſomme pour environ 4 l. par an des différentes eſpeces de marchandiſes que fourniſſent la Mercerie & Quincaillerie, ce qui donneroit une ſomme d'environ *cent millions* pour le montant de ces productions; & comme dans beaucoup de ces productions la matiere premiere eſt d'une très-petite valeur, on pourroit juger que le prix de la main-d'œuvre en fait les trois quatriemes; ainſi on pourroit porter le montant de la main-d'œuvre de ces objets à 75 *millions*.

Tannerie, Pelleterie.

Ces Fabriques étoient autrefois très-floriſſantes. Les impôts dont on les a ſurchargés, & ſur-tout la maniere dont ils ſont perçus, les ont fait déchoir. Mais la conſommation en étant générale, elles forment toujours une branche conſidérable de notre Commerce intérieur.

Si on conſidere les Tanneries ſous le point de vue unique de leur utilité, il paroîtra bien important de les conſerver; 1°. en ce qu'en employant nos matieres premieres, elles en encouragent la reproduction, & par-là elles ſont une ſource de richeſſes pour la campagne; 2°. parce qu'elles fourniſſent de l'occupation au Peuple. Mais ſous ces deux mêmes points de vue, les Tanneries ſont bien moins précieuſes que les Toileries & les Fabriques de lainage; car d'abord ce n'eſt pas préciſément l'activité des Tanneries, mais c'eſt la grande conſommation des boucheries qui encourage la nourriture des beſtiaux; en ſecond lieu, les Tanneries procurent peu d'occupation au Peuple, en raiſon de la valeur de leur production, puiſque la main-d'œuvre forme à peine un huitieme de cette valeur, & que ſur les cuirs forts la main-d'œuvre ne va guere qu'à un quinzieme. Il paroîtra extraordinaire, & cependant rien n'eſt plus vrai, que la ſeule fabrication des gants de Grenoble occupe preſque une quantité auſſi conſidérable de bras que toutes les Tanneries du Royaume; la différence en plus n'eſt pas d'un tiers pour les Tanneries. On doit cependant obſerver que tous les Ouvriers employés dans les Tanneries ſont des hommes faits & vigoureux; leurs ſalaires répandent plus d'aiſance dans le Peuple, que le gain modique des Ouvriers en gants de Grenoble.

On peut porter à *cinquante millions* la valeur des cuirs forts & autres.

Quant aux productions des Mégiſſeries & Parcheminieries, nous n'avons pas encore pu nous procurer des renſeignemens auſſi certains que ſur les Tanneries & Corroieries; mais on peut croire que la valeur annuelle de leurs productions eſt un objet d'environ *dix millions*.

D'après les obſervations que l'on vient de faire ſur la main-d'œuvre de ces différentes eſpeces de Fabriques, on croit que l'une dans l'autre elle ne va qu'au dixieme du montant de la valeur des objets fabriqués: ainſi, comme nous avons évalué le total de la fabrication à ſoixante millions, la main-d'œuvre eſt un objet de *ſix millions*.

Papeteries.

Elles ſe ſont multipliées en France depuis un ſiecle; & quoiqu'elles n'aient pas encore atteint la perfection de celles de Hollande, elles ont cependant fait depuis quelque temps des progrès ſenſibles. Il y a dans la plupart des grandes villes du Royaume, des Manufactures de papiers peints pour des ameublemens, & malgré cela nous fourniſſons à preſque toute notre conſommation en papiers, qui eſt beaucoup augmentée dans ce ſiecle, & encore nous en exportons quelques foibles parties pour l'Imprimerie. On ne peut que déſirer de voir proſpérer & augmenter les Papeteries; preſque toute la valeur de leurs productions eſt un bénéfice pour l'Entrepreneur & l'Ouvrier. La matiere premiere n'eſt, par elle-même, d'aucun prix; celui qu'en donnent les Entrepreneurs des Papeteries, n'eſt que le ſalaire des gens appliqués à ramaſſer les peilles.

La valeur du papier fabriqué en France étant de *huit millions* au moins, & ce qu'il faut en défalquer pour les outils, la colle, l'azur, &c. formant au plus un dixieme, il reſte donc en bénéfice de Fabrique *ſept millions deux cent mille livres.*

Orſévrerie & Bijouterie en fin.

Ces deux objets forment une branche aſſez riche de Commerce; mais comme la matiere premiere, toute tirée de l'Etranger, en eſt la partie la plus conſidérable, elles ne procurent pas autant d'aiſance au Peuple, que d'autres branches d'induſtrie moins brillantes & moins riches en apparence. Il ſeroit difficile d'apprécier la valeur numéraire des productions de ces deux Arts. L'Auteur le plus inſtruit de la ſituation de nos Finances & de nos richeſſes (1), penſe qu'on emploie tous les ans environ *dix millions* d'or & d'argent provenant du bénéfice de notre Commerce avec l'Etranger, tant pour les ouvrages d'orfévrerie & de bijouterie, que pour les galons & les tiſſus. Cette valeur n'eſt pas toute celle de la matiere premiere qui entre dans ces différens ouvrages; il faut y ajouter encore le montant des refontes des anciens ouvrages, & les pierreries de toute eſpece. Les notions nous manquent pour évaluer tous ces objets, qui au ſurplus ne nous feroient connoître que très-imparfaitement combien cette branche procure d'occupation au Peuple. Malgré la célébrité de nos Artiſtes en ce genre, nous n'exportons qu'une petite quantité d'orfévrerie & de bijouterie. On peut évaluer à un huitieme la main-d'œuvre; ainſi elle eſt au moins de *deux millions cinq cent mille livres.*

(1) M. Necker, dans ſon Ouvrage ſur l'adminiſtration des Finances.

Manufactures à feu.

Ces Manufactures peuvent se diviser en trois classes principales, qui demandent chacune une conduite particulière, parce qu'elles n'ont de commun entre elles que le feu, qui est leur principal instrument. La premiere classe est composée des forges à fer & de leurs dépendances.

La seconde comprend les fonderies d'argent, celles de cuivre & leurs batteries, les fonderies de plomb, celles d'antimoines & d'autres demi-métaux.

La troisieme classe est formée des verreries, qui se subdivisent en glaceries, cristalleries, & verreries communes & à bouteilles. On peut y joindre les Manufactures de faïence & celles de porcelaine. Quant aux poteries proprement dites, où se tourne & façonne la terre brute, elles sont, ainsi que les briqueries & les tuileries, des ateliers d'Artisans plutôt que de Manufacturiers.

Forges. Nous allons parcourir les produits de ces trois classes, & nous commençons par les forges. Ce sont des établissemens précieux qui méritent de fixer les regards du Souverain & l'attention du Gouvernement, puisqu'elles n'emploient dans leurs opérations que des matieres premieres du cru du Royaume, qu'elles occupent une multitude d'Ouvriers, & qu'elles préparent à l'Agriculture & à tous les Arts secondaires les instrumens propres à leurs travaux.

L'Histoire naturelle de la France nous démontre que toutes ses Provinces recelent des quantités immenses de mines de fer; que ces minieres qui ont été traitées de tout temps en fournissent encore, & que celles que l'on croiroit épuisées en produiront pendant une nombreuse suite de siecles, soit parce que leurs différentes couches sont séparées par des lits de sables & des pierres intermédiaires qu'on n'avoit pas osé approfondir dans des temps moins éclairés, soit parce que les mines de fer se régenerent. Le fer contenu

dans

dans les plantes & dans les animaux, opere cette reproduction.

Un préjugé mal fondé a accrédité la fausse opinion que les fers de France n'ont pas, comme plusieurs especes de fers étrangers, la qualité requise pour certains ouvrages qui exigent le nerf, la souplesse & la force. Malgré cette prévention contre nos fers, nous croyons pouvoir assurer que nous en fabriquons dans plusieurs Provinces de France qui égalent la qualité des fers de Suede; tels sont ceux du Dauphiné, du Comté de Foix, de la Basse-Navarre, du Roussillon, & de la Corse. Tous ces fers sont d'une classe supérieure dans le genre des fers doux & forts, ce qui les rend propres au service de la marine & de l'artillerie, & à tous les ouvrages qui exigent le fer le plus parfait. Les Provinces de Franche-Comté, du Berry, de l'Alsace, de la Haute-Lorraine, & du Limousin, fournissent des fers de la seconde qualité, qui ont une souplesse propre à faire des fils de fers & des fers blancs aussi parfaits que ceux d'Allemagne; ils peuvent également servir à faire des essieux, des affûts d'artillerie, & des voitures ordinaires. Les fers de la Champagne, de la Bourgogne, d'une partie du Nivernois, des Trois-Evêchés, de l'Angoumois, du Maine & de l'Anjou, sont de la troisieme qualité, qui est propre au bandage des voitures & autres emplois de ce genre, pour lesquels il est nécessaire que le fer réunisse la dureté avec la tenacité. Le surplus des autres Provinces fournissent les fers propres à la Serrurerie, à la Taillanderie, à la Clouterie, & aux bâtimens qui ne demandent que les deux sortes inférieures; car les fers qui sont tendres & cassans, ont néanmoins assez de qualité pour faire des clous à ardoise, & autres ouvrages de pareille nature.

Qualités de nos fers.

Nous fabriquons des tôles de toute espece, & si l'on montoit des batteries dans nos Provinces méridionales, les tôles qui s'y fabriqueroient surpasseroient en qualité celles de la Suede. Les martinets de Champagne, de Franche-Comté & du Berry, n'ont rien ou presque rien à acquérir pour la

Tôle.

F

Aciers. beauté & la qualité de leur fabrication. Nous ne sommes pas aussi avancés sur celle des aciers ; cependant il s'est formé, depuis quelque temps, des établissemens qui nous donnent lieu d'espérer que nous en fabriquerons avant peu une quantité égale à celle que nous consommons. Des essais qui ont été faits sous les yeux de personnes très-éclairées, nous ont prouvé que nous pouvions même faire de l'acier aussi parfait que celui d'Angleterre ; mais quant à présent, nos procédés pour faire de l'acier, par la voie de la cementation, & pour faire de l'acier fondu, sont plus dispendieux qu'en Angleterre ; & nos aciers naturels, faits par la méthode Allemande, sont inférieurs en qualité à ceux d'Allemagne & de Styrie.

Quoique nous n'ayons pas pu nous procurer jusqu'à présent des états exacts de la quantité de grosses forges qu'il y a dans toutes les Provinces du Royaume, & de leur produit, cependant nous sommes fondés à conjecturer, d'après ceux qui nous ont été remis, qu'il y a six cents grosses forges en France qui fabriquent au moins *cent quatre-vingt-seize millions de fer brut* : cette quantité doit suffire à la consommation actuelle du Royaume. Si elle ne pouvoit pas remplir nos besoins, il est facile de l'augmenter considérablement, 1°. par l'intelligence & l'économie dans les opérations ; car il faut convenir que nos Rivaux, & sur-tout les Puissances du Nord, ont à cet égard une grande supériorité sur nous.

Charbon de terre. 2°. Par l'emploi du charbon de terre substitué à celui du bois dans une grande partie des opérations des forges, surtout de celles qui sont à proximité des charbonnieres ou des canaux des rivieres qui les transportent. Il y a des mines de charbons de terre dans presque toutes les Provinces du Royaume ; si elles ne sont pas encore exploitées, c'est que, d'une part, l'abondance du bois a rendu le besoin du charbon moins urgent ; nous avons trouvé beaucoup plus commode de couper le combustible sur la terre, que de l'arracher de son sein. D'autre part, c'est parce que les particuliers ne sont pas assez riches en France pour se livrer à des entreprises d'une grande étendue, & qui exigent de la persévérance. Le premier obstacle les rebute : d'ailleurs, quoique nous ayons des hommes fort instruits dans l'art d'exploiter les mines & d'en diriger les travaux, nous manquons d'Ouvriers pour exécuter ; & enfin notre Législation sur cette matiere n'a pas été faite avec le même soin que dans les différens Etats du Nord. Ils regardent avec raison le produit des mines, comme un des objets les plus dignes de leur attention. Les Souverains ne croient pas s'abaisser en s'associant avec les Entrepreneurs ; ils les encouragent de toutes les manieres possibles. Nous ne réussirons dans l'exploitation de nos mines qu'en suivant leurs modeles, & en attirant en France des Ouvriers capables de former des Eleves. Quelque considérable que puisse être la premiere dépense, le Royaume en sera bientôt dédommagé, s'il s'occupe sérieusement des moyens de mettre en valeur cette partie de la richesse nationale. Nous ne craignons point de dire qu'elle est à peine connue, & que cependant elle peut devenir une des plus grandes ressources de l'Etat. Ce n'est pas pour les seules mines de charbon de terre que nous le disons : la France recele dans son sein des mines de toutes les especes, & cependant elle est tributaire de l'Etranger (1) pour tous les métaux & demi-métaux dont elle a besoin pour sa consommation : elle l'est sur-tout pour le plomb, le cuivre & l'étain. Nous parlerons dans un moment de ces objets, après avoir fini de traiter de tout ce qui est relatif au fer.

Nous avons porté à cent quatre-vingt-seize millions de livres pesant, la quantité de fer qui se fabrique dans nos usines.

Nous croyons pouvoir évaluer à cent soixante livres tournois le prix moyen de chaque millier. La totalité de fer de la

(1) De 1777 à 1781, les métaux, autres que l'or & l'argent, ont couté, année commune, à la France, près de onze millions, & dix-huit millions cinq cent mille livres en 1787.

valeur feroit donc de trente-un millions trois cent foixante mille livres. Mais il faut déduire fur cette fomme le prix du bois ou du charbon de terre néceffaire pour convertir le minerai en fer. Des Maîtres de forge inftruits nous ont affuré qu'un demi-arpent de bois taillis pris dans toutes les qualités de fonds & d'effence de bois, fuffifoit pour fabriquer un mille de fer, & ils ont fondé leurs affertions fur ce qu'un demi-arpent de bois produit communément quatre mille cinq cents pefant de charbon, ce qui donne quatre livres & demie par livre de fer, quantité fuffifante pour la converfion du minerai en fer. Le demi-arpent de bois peut être évalué, prix commun, à foixante livres, ce qui fait un peu plus du tiers de la valeur du fer; déduction faite de ce tiers, il reftera pour la main-d'œuvre & les bénéfices de l'Entrepreneur, 100 l. pour chaque millier de fer, & le produit annuel des cent quatre-vingt-feize millions pefant, fera *de dix-neuf millions fix cent mille livres* en numéraire.

Fabrications fecondaires de fer.

Nous n'avons pas porté dans cet état les fabrications fecondaires de fer, tels que les fers blancs, tréfileries, clouteries, Manufactures d'armes, & fabriques de tôle. La main-d'œuvre de ces objets peut être portée à quatre millions.

Plomb.

Le produit des plombs n'eft pas, à beaucoup près, auffi confidérable; nous fommes tributaires de l'Etranger, pour cet objet, de fommes très-fortes; nous le fommes également pour la cérufe, dont le plomb eft le principal ingrédient; nous pourrions en fabriquer à meilleur compte que nos Rivaux, puifque le vinaigre, qui entre pour beaucoup dans cette fabrication, ne nous revient qu'à très-bas prix; c'eft par conféquent un double motif de mettre le plus tôt poffible en valeur nos mines de plomb, qui font très-multipliées en France; mais nous aurons beau faire des vœux à cet égard, fi les Provinces où elles exiftent ne s'affocient pas avec les Entrepreneurs, & ne font pas une partie des avances néceffaires pour leur exploitation, elle continuera à être abandonnée. Dans l'état actuel, le produit de nos mines de plomb eft d'environ deux millions cinq cent quinze mille livres pefant, qui, à raison de vingt-huit livres le quintal, forme un objet de *sept cent quatre mille deux cents livres.*

Le combustible, pour le mettre en valeur, n'est guere que du douzieme à déduire sur la valeur; on peut donc estimer ce produit à environ *six cent mille livres.*

La quantité de cuivre que la France fournit, est encore moins considérable; elle monte à peine à quatre cents milliers par année (1); en sorte que si on ne refondoit pas successivement quelques portions de nos anciens cuivres, nous serions tributaires de l'Etranger pour le surplus de ce que nous consommons. Cette consommation est devenue d'autant plus grande, que si nous avons restreint l'usage du cuivre pour nos batteries de cuisine, d'autre part, nous l'avons beaucoup augmenté dans les bâtimens & dans le doublage des vaisseaux; c'est une raison de plus pour tirer de nos mines de cuivre la plus grande quantité de matieres premieres qu'il sera possible, & nous le pouvons d'autant plus aisément, que nous avons beaucoup de mines de cuivre en France; il ne manque que des Entrepreneurs & des Artistes pour les mettre en valeur. Le combustible nécessaire pour cette exploitation est environ du dixieme; en sorte qu'on peut estimer le produit annuel à environ *cinq millions.*

Mines d'or & d'argent.

Nous ne dirons rien de nos mines d'or & d'argent. Quelques Naturalistes ont prétendu que nous en avions plusieurs en France de l'une & de l'autre espece. Ils fondent leurs conjectures en ce qui concerne les mines d'or, sur ce que le Rhône, dont la source n'est pas éloignée de la France, charie assez abondamment des paillettes de ce métal précieux; mais ce qu'il y a de vrai, c'est qu'aucune mine d'or n'est exploitée dans le Royaume. Quant aux mines d'argent, nous en avons certainement. MONSIEUR, Frere du Roi, en fait exploiter une dans le Dauphiné, qu'on dit assez abondante; nous en ignorons les produits. Quand même ils ne

(1) La plus grande partie est extraite des mines de Chessy & Saint-Bel, dans le Lyonnois.

ſeroient pas ſupérieurs aux frais d'exploitation, ce ſeroit toujours une main-d'œuvre de plus dans le Royaume; & nous répétons avec confiance que les mines en général, qui font partie du produit de notre ſol, deviendroient une ſource de richeſſes inépuiſable, ſi nous ſavions en tirer tout le parti que les Etrangers tirent des leurs. L'extraction du charbon de terre ſuffiroit ſeule pour donner à une partie de nos Manufactures la plus grande activité. Quel avantage ne procureroient pas les pompes à feu dont nous avons été les inventeurs, & que les Anglois ont perfectionnées, au point qu'elles ſont les premiers moteurs de la plus grande partie de leurs mécaniques & de leurs différentes eſpeces de moulins ? Il eſt vrai qu'ils ont moins de ſources & de courans d'eau que nous; mais nous emploierions des pompes à feu dans les lieux où nous n'avons pas des courans d'eau; elles nous ſeroient ſur-tout très-utiles pour épuiſer nos mines des eaux qui les noyent.

Nous paſſons à la troiſieme claſſe de nos Manufactures à feu, qui conſiſtent dans les verreries, faïenceries, & dans les établiſſemens où l'on fabrique de la porcelaine & des glaces.

Nos glaces ſont célebres depuis long-temps; nous en envoyions autrefois dans l'Etranger une plus grande quantité que nous n'en envoyons aujourd'hui. Le bénéfice que fait dans cette fabrication la Compagnie qui la premiere en a fait l'entrepriſe, eſt aſſez grand; elle le doit en partie au privilége excluſif qu'elle a trouvé le moyen de faire proroger déjà pluſieurs fois. Il eſt préſumable que, ſi elle n'eût pas obtenu cette grace très-extraordinaire, il ſe ſeroit formé d'autres établiſſemens en ce genre, qui auroient donné les glaces à meilleur compte, & qu'il s'en ſeroit exporté une plus grande quantité. Quoi qu'il en ſoit, celles que fabrique la Manufacture des glaces ſuffiſent à nos beſoins, & le diſputent en qualité à celles de Veniſe; nous avons même l'avantage ſur les Vénitiens, de pouvoir faire de plus grandes pieces.

Nos Fabriques de porcelaine ſuffiſent pareillement à nos

besoins. Les terres du Limousin sont presque aussi bonnes pour faire la pâte, que celles dont on fait usage dans les Pays étrangers; nos formes & nos peintures sont infiniment plus élégantes & plus belles que les leurs : nous nous sommes rédimés par ce genre d'industrie, du tribut que nous payions à l'Etranger. Il faut convenir que l'État en a principalement obligation à la Manufacture Royale de Seve. Aujourd'hui qu'il s'est formé, à son exemple, un grand nombre d'établissemens en ce genre, peut-être seroit-il digne de la bienfaisance du Roi de laisser une liberté entiere à la concurrence; car il n'est pas possible que des Manufactures particulieres disputent, à armes égales, avec un établissement dont le Roi fait tous les frais, & qui lui coute beaucoup plus qu'il ne lui rend.

Quant aux verreries & aux faïenceries, elles sont précieuses, en ce que la consommation s'en étend tous les jours, & que la fragilité de leurs productions oblige à des fréquens renouvellemens; elles sont des sources fécondes d'occupations. Nos Manufactures en ce genre se défendoient contre celles d'Angleterre, malgré l'avantage que les Anglois ont sur nous par l'exploitation de leurs mines de charbon de terre; mais la libre introduction dans le Royaume, de leurs faïences, de leur verrerie, & de leur cristallerie, moyennant le payement d'un droit qui ne peut pas être perçu à la rigueur, a porté le coup le plus funeste à nos Fabriques, & il n'est pas possible qu'elles se soutiennent, si on ne se hâte pas de donner toute l'activité possible à l'exploitation de nos mines de charbon : l'augmentation du prix de nos bois nous en impose la nécessité absolue.

Dans l'état actuel des choses, nous croyons que les produits de ces différentes branches d'industrie suffisent à peine pour payer la main-d'œuvre; & qu'en joignant ces produits à ceux de la fabrication des glaces & des porcelaines, c'est les porter très-haut que de les évaluer : savoir, les verreries, y compris les glaces, à 6 *millions*; les porcelaines & les faïenceries du Royaume à 4 *millions*, sur lesquels, déduction faite d'un dixieme pour le combustible, reste une somme de 9 *millions.*

Il existe encore dans le Royaume deux autres especes de fabrication, dont le feu est le principal aliment; savoir, celle du savon, & celle pour raffiner le sucre. La premiere est considérable. Suivant un Mémoire qui vient de paroître, on fait monter annuellement à plus de 18 millions la fabrication du savon dans la ville seule de Marseille. Ce Mémoire a été présenté par les Fabricans de cette ville, qui font exploiter les différentes Fabriques en ce genre. Ils demandent qu'on corrige quelques dispositions des anciens Réglemens, qui leur paroissent abusives, & qu'on en ajoute de nouvelles, pour empêcher les fraudes que la liberté a introduites. On trouve dans ce Mémoire un calcul de la quantité d'huiles & de matieres que nous tirons de l'Etranger pour cette espece de fabrication. Le résultat est que nous sommes à cet égard ses tributaires de plus de 3 millions 200 mille livres; mais que nous lui envoyons de savons fabriqués pour 2 millions 300 mille livres. En sorte qu'à son tour il est tributaire de la France pour la totalité de la main-d'œuvre. D'autre part, toute déduction faite de la valeur des huiles, de la soude, & des autres matieres nécessaires pour la fabrication, il reste pour les frais d'exploitation & pour les bénéfices des Entrepreneurs, *un million* 350 *mille livres.*

En supposant que les Manufactures des différentes especes de savon, établies dans les autres villes du Royaume, fabriquent toutes ensemble le double de celle de Marseille, la totalité de la main-d'œuvre pour la fabrication formera un objet de 5 *millions* au moins, attendu que la main-d'œuvre des savons noirs est plus considérable que celle du savon blanc.

Quant aux raffineries de sucre, nous croyons être certains que celles d'Orléans seules en raffinent, année commune, au moins pour 10 *millions de livres tournois.* Nous supposons que les autres Fabriques du Royaume en raffinent

trois

trois fois plus; nous ſuppoſons encore que, déduction faite des frais du combuſtible, les Fabricans ne retirent que 12 pour cent ſur le montant de la fabrication, tant pour la main-d'œuvre, que pour les avances & les bénéfices; le produit total ſera de 4 *millions* 800 *mille livres*.

Fabrication du Sel.

Les ſels deſtinés à notre conſommation, proviennent ou de nos ſalines, ou de nos marais ſalans. Les ſalines en produiſent environ 800 mille quintaux, dont 500 mille ſe vendent à l'Etranger. Le prix de ce ſel dans les ſalines eſt de 4 livres 10 ſ. le quintal; par conſéquent le produit total devroit être de 3 millions 600 mille livres; mais il eſt néceſſaire d'obſerver que la conſommation du bois *néceſſaire* pour la formation de cette qualité de ſel, en abſorbe la valeur, & qu'elle la ſurpaſſeroit, s'il n'y avoit pas des forêts affectées à ce genre de travail, dont les bois ſont au plus bas prix; en ſorte que ces ſalines, bien loin de former des produits, doivent plutôt être conſidérées comme des objets de dépenſe; & que, ſi des raiſons relatives à l'intérêt de la Ferme générale n'obligeoient pas de les exploiter, il conviendroit d'en abandonner l'exploitation.

On peut en dire autant des 115 mille quintaux produits par les bouillons de Normandie. Lors de l'établiſſement de ces ſalines, les Provinces dans leſquelles elles ſont placées appartenoient à des Princes particuliers; le bois étoit alors à très-vil prix dans ces Provinces, & les communications avec les marais ſalans étoient très-difficiles. Si on laiſſoit tomber l'exploitation de ces ſalines, les bois qu'elles conſomment mettroient à portée de multiplier les forges, qui augmenteroient les richeſſes de ces Provinces; elles ſeroient pourvues du ſel des marais ſalans, qui ne leur reviendroit pas plus cher que celui des ſalines. On y gagneroit non ſeulement la valeur du ſel pris aux marais, mais on profiteroit encore de tout le bénéfice des Voituriers & des autres Agens chargés de faire parvenir ces sels à leur destination. Quoi qu'il en soit, nous ne passerons que pour Mémoire cet article.

Il n'en est pas de même des sels provenans de nos marais salans; on peut évaluer à 3 millions 600 mille quintaux leur produit. Ils sont destinés, tant à la consommation intérieure, qu'à celle des pêcheries & à la vente à l'Etranger. La fabrication de ces sels ne revient qu'à 15 sols le quintal, & donne par conséquent un premier bénéfice de 2 *millions 700 mille livres.*

Nous ne parlons pas des autres bénéfices, parce qu'ils sont partie du privilége exclusif que le Roi s'est réservé pour l'approvisionnement de ses sujets, ou des frais qui sont compris dans la dépense du roulage.

Tabac.

La consommation du tabac dans les Provinces soumises à la Ferme, peut être de 18 millions de livres pesant.

Le tabac tiré de l'Etranger ne contribue à l'aisance du Peuple que par les frais de fabrication & de transport dans l'intérieur du Royaume. Les frais de transport sont compris dans l'article concernant les dépenses des chevaux destinés pour le roulage; ainsi on ne peut faire entrer dans les produits que les frais de fabrication, qui, à raison d'un sou par livre, forment un objet de 9 *cent mille livres.*

Il y a quelques Provinces en France dans lesquelles on cultive & fabrique le tabac. Cette récolte peut être évaluée à deux millions de livres pesant, & former un objet de 15 cent mille livres en argent, dont plus de 12 cent mille sont pour la valeur du tabac, & auroient dû être comprises dans les produits de l'Agriculture; mais comme en dernier résultat nous porterons ces produits à deux milliards, quoique, suivant les états & les évaluations que nous avons faites de chacun des produits en particulier, ils ne montent qu'à

1824 millions, celui du tabac est censé faire partie des deux milliards. Nous ne porterons donc ici que les frais de la main-d'œuvre ou de la fabrication ; & pour ce 300 *mille liv.* qui, jointes aux 900 mille livres pour les frais de fabrication du tabac que nous tirons de l'Etranger, forment un total de 1 *million* 200 *mille livres*.

Amidon.

La fabrication de Paris en amidon est d'environ 6 millions pesant. Comme le luxe en poudre à poudrer est incomparablement plus grand dans la Capitale, qu'il ne l'est dans les Provinces, & qu'une partie de ce qui se fait à Paris s'envoie au dehors, on peut croire que la fabrication des Provinces n'est que le triple de celle de Paris, & qu'ainsi la fabrication totale est de 24 millions. La main-d'œuvre & le bénéfice du Fabricant peut être évalué à raison d'un sou pour livre, & former un produit d'*un million* 200 *mille livres*.

Pêcheries.

Les pêcheries sont reconnues pour être la meilleure école des bons Matelots. Sous ce seul point de vue, elles méritent toute l'attention d'un Etat qui aspire à être une Puissance Maritime ; on sera encore plus frappé de leur importance, si on considere qu'elles fournissent une masse de subsistance utile par-tout, & qui devient nécessaire dans les Pays Catholiques, dans lesquels de fréquens jours d'abstinence occasionnent une grande consommation de toute espece de poissons.

Peu de Nations auroient pu entrer en concurrence avec la France dans cette branche d'industrie, si elle eût profité de tous ses avantages. Elle a des côtes très-étendues, qui lui fournissent abondamment le sel le plus propre aux grandes falaifons; fes Matelots font expérimentés. Auffi la France a-t-elle été une des premieres Puiffances qui aient donné à l'Europe l'exemple des pêcheries. Cependant il s'en faut de beaucoup qu'elle tienne aujourd'hui le rang que fa fituation & fes avantages naturels fembloient devoir lui affurer. Bien loin de s'être procuré, par le produit de fes pêcheries, une branche d'exportation, elle s'eft crue dans le cas d'abandonner aux Etrangers une partie de la fourniture de fes Colonies. Chaque année elle tire des Nations, fes rivales, pour des fommes confidérables, en morue, harengs, baleines, huile de poiffon. On vient pêcher fur fes côtes la fardine pour la lui vendre. Quelle peut être la caufe d'une pofition auffi étonnante que fâcheufe? Il ne faut pas la chercher ailleurs que dans une foule de Réglemens, dans lefquels on a plus confulté l'intérêt mal entendu du Fermier, que l'avantage du Commerce, ou plutôt de la Nation. On a modifié les plus vexatoires de ces Réglemens; mais comme, à différentes époques, on eft revenu à les faire exécuter rigoureufement, & qu'ils font encore très-gênans, on ne parviendra à régénérer cette partie, qu'après que l'on aura donné des Réglemens dans lefquels le fort des pêcheries ne foit pas facrifié aux craintes du Fermier, & fur la ftabilité defquels le Commerce puiffe compter.

La valeur des productions de nos grandes pêcheries maritimes peut être évaluée *à dix millions*, année commune(1); elles font d'autant plus précieufes, que prefque toute leur valeur eft un accroiffement de revenu pour la Nation; car la dépenfe des Entrepreneurs confifte dans les frais d'armement deftinés à la pêche, dans le payement des falaires des Pêcheurs & Matelots, & dans les droits payés au Roi; & ce qui mérite attention, c'eft que dans les frais des armemens, il y en a une partie en matiere, comme bois, fer,

(1) Suivant la balance du Commerce de 1787, elles font évaluées à plus de 13 millions. Les balances des années précédentes ne faifoient pas mention du produit des pêcheries.

goudrons, & chanvre pour les toiles, les cordages & filets. Toute la main-d'œuvre employée à travailler ce bois, ce fer, ce goudron, ce chanvre, ainsi que les frais pour la construction des bâtimens, n'auroit pas lieu sans les pêcheries maritimes.

Les pêches sur les rivieres & celle des étangs, forment aussi un autre produit assez considérable. Nous n'avons pas des renseignemens certains à cet égard ; mais en examinant la quantité de rivieres & d'étangs qu'il y a dans le Royaume, en faisant également attention qu'il y a en France quelques lacs assez poissonneux, on peut évaluer à une pareille somme de *dix millions* le produit de nos pêches d'eau douce. Nous devons cependant observer que la pêche des étangs ne procure pas une augmentation aussi réelle de revenus, que celle de la mer & des rivieres ; car les terreins employés aux étangs auroient produit ou des grains, ou des fourrages, ou du bois. Quelques-uns de ces terreins rendroient, à la vérité, peu, si on les employoit à la culture, parce que le plus souvent ils sont inondés par l'eau ; mais quelque médiocres que fussent les revenus que le Propriétaire tireroit de leur culture, ils doivent cependant entrer en ligne de compte, & suffisent pour prouver que la pêche des étangs n'est pas aussi avantageuse pour l'Etat, que celle des rivieres & de la mer. En réunissant les produits des unes & des autres, nous croyons qu'ils doivent être évalués au moins à *vingt millions*.

Arts & Métiers.

Indépendamment des hommes occupés aux travaux de l'Agriculture, des Manufactures, & à l'exploitation des mines, &c. il est encore une quantité considérable d'individus qui s'adonnent aux Arts & aux Métiers nécessaires pour construire le logement des hommes, façonner leurs vêtemens, & enfin pour leur procurer divers objets de commodité, d'agrémens & de luxe. Cette classe d'Artistes &

d'Ouvriers frappe assez tous les yeux, parce qu'en général ils sont rassemblés dans les villes, & principalement dans celles où regnent l'aisance & le luxe. Les différens travaux auxquels ils s'adonnent sont une source abondante d'occupations; mais ils ne peuvent faire un objet de commerce extérieur, *ni actif, ni passif.* On doit désirer de les voir se multiplier & vivre dans l'aisance, puisque leur activité augmente la consommation intérieure, le plus grand des biens d'un pays agricole, qui a un sol considérable, & que d'ailleurs leur aisance est un signe certain du bonheur général.

Il est très-difficile de donner même un apperçu du montant des salaires de cette classe d'Ouvriers. Les bases d'après lesquelles on peut partir pour faire des calculs, sont toutes si incertaines, qu'on ne sait sur lesquelles s'appuyer; cependant nous allons essayer d'en évaluer la quantité, & pour y parvenir, nous croyons devoir distinguer ceux qui habitent les campagnes, & ceux qui habitent les villes. Les premiers sont peu nombreux en comparaison des seconds; mais enfin il y a dans les campagnes des Charrons, des Maréchaux, des Charpentiers, des Maçons, des Barbiers, qui sont tout à la fois Médecins & Chirurgiens. Il y a aussi dans les campagnes, des Tailleurs & des especes de Cabaretiers qui vendent du vin, du cidre, de la biere, de l'eau-de-vie, & toutes les autres choses servant à l'usage des gens qui les habitent. Ces Artisans ou Marchands sont, à la vérité, dispersés inégalement dans les villages, ou le long des grandes routes, en sorte qu'on feroit un faux calcul, si on comptoit qu'il y en a un de chaque profession dans chaque village; mais on peut arbitrer que dans l'étendue de six villages, il y en a six qui se sont divisé entre eux ces différens Arts, Métiers ou Commerce. Or l'on compte dans le Royaume environ quarante-deux mille Paroisses. Il faut en déduire à peu près deux mille pour les villes & les gros bourgs; le nombre des différens Ouvriers ou Artisans dispersés dans les campagnes est donc de quarante mille.

La quantité de ceux qui exercent dans les villes ces ſortes de profeſſions & toutes les autres, auxquelles le luxe a donné naiſſance, eſt bien plus grande; il n'eſt pas queſtion de la calculer par Paroiſſe, c'eſt en raiſon de la richeſſe plus ou moins grande des habitans de ces villes qu'on doit l'arbitrer. Indépendamment des Arts utiles & néceſſaires, combien d'autres y ſont en activité? Combien de choſes ſuperflues, & combien de fois ſe renouvellent, chaque année, les façons de tout ce qui eſt néceſſaire pour les vêtemens? Les Ouvriers en ce genre ſont d'autant plus multipliés, qu'il faut pourvoir aux beſoins réels ou factices, non ſeulement des Maîtres, de leurs femmes & de leurs enfans; mais encore à ceux de leurs ſerviteurs & domeſtiques; ainſi, ſans craindre d'être ſoupçonnés d'exagération, nous croyons pouvoir inſiſter à ſoutenir, qu'indépendamment des Ouvriers attachés aux différentes Manufactures dont nous avons parlé, & dont le produit du travail fait partie du prix des marchandiſes fabriquées, le nombre des autres Artiſans & Ouvriers qui habitent les villes & bourgs eſt au moins quatre fois plus grand que ne l'eſt celui des Ouvriers diſperſés dans les campagnes. Nous avons ſuppoſé que la quantité de ceux-ci étoit de quarante mille; la totalité doit donc être de deux cent mille au moins, ſur-tout ſi on fait entrer dans le calcul ceux employés à conſtruire les vaiſſeaux & les autres bâtimens pour la mer & les rivieres.

Le moindre prix auquel on puiſſe fixer les journées des uns & des autres, doit être de vingt ſous, ce qui donne pour chaque jour la ſomme de deux cent mille livres, qui multipliée par trois cents, attendu les jours de Dimanche & Fête, forme un produit annuel de ſoixante millions (1).

Ce ſeroit ici le lieu de diſcuter la queſtion ſouvent agitée depuis quelque temps, ſi les Communautés d'Arts & Mé-

(1) Quelques perſonnes prétendent qu'on peut augmenter du double le nombre de ces ſortes d'Ouvriers; mais comme ils ne ſont pas, ainſi que nous l'avons déjà obſervé, un objet de Commerce extérieur ni actif ni paſſif, peu importe le nombre plus ou moins conſidérable.

tiers ſont plus nuiſibles qu'avantageuſes à un Etat. Mais comme nous nous propoſons d'examiner la queſtion ſous un point de vue encore plus général, celui de ſavoir ſi *la liberté indéfinie n'eſt pas préférable au régime réglementaire*, ce que nous pourrions dire quant au régime des Communautés d'Arts & Métiers, trouvera naturellement ſa place dans cette Diſſertation. Nous allons donc réſumer cette partie de notre Mémoire, dans laquelle nous avons cherché à faire connoître quelle eſt la valeur des ſalaires des Ouvriers de toute eſpece, & des Entrepreneurs qui ſont occupés à faire valoir les différentes branches d'induſtrie. En les réuniſſant toutes, nous trouvons que le montant total eſt de *cinq cent vingt-quatre millions neuf cent cinquante mille livres.*

SAVOIR.

Pour les toileries.	161,250,000
Pour les lainages.	92,500,000
Pour les ſoieries.	41,600,000
Modes.	5,000,000
Ameublemens en Tapiſſerie.	800,000
Mercerie - Quincaillerie.	75,000,000
Tanneries-Pelleteries.	6,000,000
Papeteries.	7,200,000
Orfévrerie, Bijouterie en fin.	2,500,000
Manufactures à feu.	38,200,000
Fabriques de ſavon.	5,000,000
Raffineries de ſucre.	4,800,000
Sels.	2,700,000
Tabac.	1,200,000
Amidon.	1,200,000
Pêcheries.	20,000,000
Arts & Métiers.	60,000,000
Total.	524,950,000

Cette

Cette somme de revenu, qui provient de l'industrie, & qui est uniquement le prix du travail & de la main-d'œuvre divisée par vingt-six millions six cent soixante-seize individus, qui est le nombre des habitans de la France, donne à peu près *vingt-une livres cinq sous* par tête, déduction faite de la valeur des matieres premieres comprises dans le calcul des productions de l'Agriculture. Heureusement ces productions de l'industrie & celles du sol ne sont pas les seules qui composent la masse des richesses nationales; il faut encore y ajouter les productions de nos Colonies.

TROISIEME PARTIE.

Colonies.

Celles que nous possédions autrefois étoient très-étendues. A la paix de 1763, elles furent réduites à quelques isles dans l'Archipel de l'Amérique; à quelques foibles établissemens dans l'Amérique méridionale, & sur la côte occidentale d'Afrique; à deux isles dans la mer qui baigne la côte orientale d'Afrique, & à quelques foibles comptoirs dans l'Inde. Nous perdîmes les possessions immenses que nous avions dans l'Amérique septentrionale: par cette perte, nous avons plutôt renoncé aux espérances qu'elles pouvoient nous promettre, que nous n'avons sacrifié des établissemens qui eussent jusqu'alors contribué à donner de l'activité à notre Commerce & à augmenter nos richesses. Le Canada, tenu long-temps sous le joug du monopole, n'avoit pu étendre ses pêcheries & faire le commerce de pelleteries que sa position lui rendoit facile. Les cultures n'étoient guere poussées au delà de ce qui étoit nécessaire pour la subsistance des Colons; le plus grand mal, c'est que la cession que nous en avons faite à l'Angleterre a augmenté d'autant sa puissance territoriale relative.

La Louisiane, que son étendue, sa position, sa fertilité appeloit à une grande prospérité, avoit été négligée pendant long-temps ; & au moment où la perte du Canada portoit l'attention de la Nation sur cette Colonie, elle fut cédée à l'Espagne.

Si ces deux grandes possessions, dont la France a été privée presque au même moment, étoient dans un état de foiblesse & d'engourdissement, on ne peut pas en dire autant de nos Isles dans l'Archipel de l'Amérique ; leur prospérité a lieu d'étonner. Et pour en faire sentir l'importance, il suffit de dire que la consommation de ces Colonies en productions du sol & de l'industrie de la France, est, année commune, un objet de *cinquante millions* au moins, prix marchand, & que les productions de ces Colonies, vendues aux Etrangers, font à peu près le tiers de notre Commerce d'exportation.

Les productions de ces Isles consistent principalement en sucre, café, coton, cacao, indigo, &c. & en différentes plantes particulieres qui servent à la nourriture des Esclaves, qui, au nombre d'environ six cent mille, cultivent les plantations. Tous ces objets réunis montent à environ *deux cents millions*, dont les trois quarts, à peu près, sont envoyés dans les différens ports de la Métropole ; une partie de l'autre quart fournit à la consommation des Colonies, & le reste s'enleve par les vaisseaux de différentes Nations, & sur-tout par les Anglois, Hollandois, & Anglo-Américains.

La France consomme environ la moitié des productions de ses Colonies, importées directement dans ses ports ; le surplus forme une branche d'exportation, qui, avec les frais de route, les droits & le bénéfice de notre Commerce, forme un objet de quatre-vingt à cent millions.

La partie de ces productions qui se consomme en France, consistant en denrées que l'habitude a rendues nécessaires, nous exempte du tribut que nous payerions à l'Etranger, si nous étions obligés d'y avoir recours pour nous les procurer, & de plus elles fournissent de l'aliment à l'industrie nationale.

Le sucre brut & terré, qui se consomme en France, reçoit les dernieres façons dans les Raffineries établies dans différentes Provinces du Royaume.

Le coton fournit la matiere premiere à nos Manufactures.

Et l'indigo est nécessaire à nos teintures.

La branche la plus considérable de nos exportations en denrées des Colonies, consiste en sucre brut & terré. Nous n'exportons que très-peu de sucre raffiné. Il seroit possible d'augmenter cette branche d'exportation par des encouragemens plus considérables que ceux qui lui sont destinés. Cet objet est assez important pour devoir fixer l'attention du Gouvernement. La distillation des melasses paroît également devoir entrer en considération. On peut regarder la défense de les distiller comme une sorte d'impôt établi sur nos Raffineries, puisqu'elle cause sur cette partie une non-valeur qui force les Raffineurs à augmenter le prix des sucres raffinés, & les empêche d'étendre le débouché de leurs sucres au dehors. Indépendamment de cette premiere perte, la France est encore privée du bénéfice que la manipulation de ces distilleries lui auroit procuré. Ces pertes n'ont été compensées par aucun avantage, car on ne peut regarder comme telle la petite commodité qui en est résultée pour la Régie des Aides.

Le motif qu'on a fait valoir pour engager le Gouvernement à porter cette défense, a été que la distillation des melasses nuiroit au débit des eaux-de-vie tirées des vins de France. La raison n'étoit que spécieuse ; en défendant la distillation des melasses, on n'a pu défendre de les vendre à l'Etranger; on les y a fait distiller, & on en a consommé les eaux-de-vie. Ainsi tout le résultat de la prohibition a été d'avilir le prix des melasses en France, & de favoriser la main-d'œuvre étrangere aux dépens de la nôtre. On peut même dire qu'elle a plus nui à la consommation des eaux-de-vie de raisin, qu'elle ne l'a favorisée. L'eau-de-vie de raisin est supérieure en qualité à celle des melasses, qui n'obtiennent la préférence que par le bas prix. En avilissant les melasses en France, par la défense de les distiller, on a mis les Diſtillateurs étrangers en état de donner leurs eaux-de-vie à très-bon marché, ce qui les a fait préférer aux eaux-de-vie tirées du raiſin ; on a, par conſéquent, fait autant de tort à la culture de nos vignes, qu'à nos Raffineries. Ceci prouve qu'avant de décider des queſtions qui tiennent à l'économie politique, il eſt eſſentiel de les enviſager ſous tous les points de vue poſſibles. Nous ne regardons pas notre avis à cet égard comme le meilleur ; mais nous le propoſons avec confiance, parce que les raiſons ſur leſquelles il eſt fondé, nous paroiſſent de nature à être miſes dans la balance.

Notre établiſſement dans l'Amérique méridionale eſt encore bien foible ; ſes produits ſont bien éloignés de ceux qu'auroient dû lui procurer les dépenſes faites ſous le dernier regne pour hâter ſa proſpérité. La beauté du coton que l'on y recueille doit faire ſouhaiter que la culture du cotonnier y prenne de l'activité. On y cultive auſſi avec ſuccès la canne à ſucre & le cafeyer : on y a planté quelques muſcadiers & quelques girofliers ; ils y ont réuſſi. Il eſt à déſirer que l'on s'attache à en étendre les plantations ; elles enrichiroient la Colonie, & lui donneroient les moyens d'étendre ſes défrichemens.

La nourriture des beſtiaux paroît auſſi promettre des avantages réels à cette Colonie, qui, comme on le voit, préſente de grandes eſpérances, mais dont les produits ſont encore peu conſidérables.

Nos Colonies ſi utiles, ſoit par la conſommation des productions de notre ſol & de notre induſtrie, ſoit par la maſſe des richeſſes que leurs productions procurent à la France ; ne le ſont pas moins par l'activité qu'elles donnent à notre navigation ; le tranſport de toutes les marchandiſes que la Métropole & les Colonies s'envoient réciproquement, marchandiſes preſque toutes encombrantes, eſt un objet de 200 mille tonneaux par an.

Si on compare nos établiſſemens à la côte d'Afrique à ceux des Anglois, on les trouvera bien médiocres. Auſſi notre Commerce ne fournit-il pas à nos Colonies en Amérique le nombre d'Esclaves suffisant pour leur exploitation. Nos habitans sont souvent forcés d'acheter des Anglois les Negres que nos Armateurs ne peuvent leur procurer. Il en résulte un double inconvénient ; le Commerce Anglois prospere au préjudice du nôtre, & les Esclaves que nos rivaux nous fournissent sont presque toujours le rebut de leurs Colonies. Moins robustes, ils succombent plus tôt à la fatigue, ce qui oblige à faire de fréquens renouvellemens.

Ce n'est pas ici le lieu d'examiner si le Commerce des Negres est compatible avec les sentimens d'humanité. Les raisons pour ou contre ce Commerce sont développées dans les différens Mémoires écrits sur cette question, aujourd'hui vivement débattue en France & en Angleterre. On se bornera à observer que tant que les Nations Européennes continueront à faire cultiver leurs Colonies par des Esclaves, une Nation dont les possessions exigent beaucoup de bras, doit éviter, autant qu'il est possible, d'être dans la dépendance des autres, pour se pourvoir des Negres dont elle a besoin.

La traite de ces Esclaves est le principal objet du Commerce d'Afrique. On en tire aussi quelques dents d'éléphant, & de la gomme pour le Commerce. Une Compagnie a obtenu depuis quelques années un privilége exclusif pour ces deux derniers articles.

Tous ces établissemens ne contribuent pas directement à augmenter les richesses nationales, puisque nous n'y avons aucune culture, aucun atelier ; mais ils sont utiles, 1°. parce qu'ils procurent le débouché de quelques productions du sol & des Manufactures de France. 2°. Notre Commerce fait un bénéfice sur les objets que l'on y achete, & que l'on n'auroit que par l'entremise du Commerce étranger, si le nôtre ne le fournissoit pas.

La France possede dans la mer qui baigne la côte orientale d'Afrique, deux Isles, celle de France & celle de Bourbon. Les productions de ces Isles consistent en coton, en café, dont on apporte en France pour quelques millions chaque année ; elle consiste sur-tout en comestibles pour leur propre consommation, & pour l'approvisionnement des vaisseaux qui font le Commerce de l'Inde. On y a fait l'essai de la culture du cannelier, du muscadier & du girofflier, qui ne donnent encore que des espérances. On en a également quant aux indigots, dont on a essayé depuis peu la culture ; ils paroissent approcher de la qualité de ceux de Guatemala.

Ces établissemens ont été jusqu'à présent plus couteux que productifs, mais leur possession est importante pour la France tant qu'elle voudra conserver des comptoirs dans l'Inde. Ces deux Isles sont l'entrepôt & le point d'appui de nos foibles établissemens en Asie ; on sait qu'après y avoir eu un moment d'éclat vers le milieu du siecle, nous avons été depuis éclipsés par les Nations nos rivales. Des revers dans la guerre, des variations continuelles dans les systêmes d'administration & de commerce, ont été les causes de notre décadence. Au surplus, ces établissemens de l'Inde n'ont aucun produit qui augmente le revenu national ; leur but est de diminuer la perte du commerce presque uniquement passif que nous faisons dans ces contrées, en nous réservant le bénéfice qu'il procureroit à ceux qui en sont les Agens. Quoi qu'il ne soit que passif, on ne peut cependant y renoncer, à moins qu'il ne se fasse dans nos mœurs & dans nos goûts une révolution à laquelle on ne doit pas s'attendre. Nous sommes tellement accoutumés aux épiceries, qu'elles sont presque des objets de premiere nécessité. Le goût pour les mousselines & pour quelques étoffes des Indes est si général, que les prohibitions les plus séveres pourroient tout au plus en ralentir la consommation. D'ailleurs quelques marchandises des Indes sont nécessaires au Commerce de Guinée, il faut donc ou les acheter des autres Nations Européennes, ou aller les chercher directement. La dépendance dans laquelle nous serions d'une

Nation quelconque pour les objets dont nous aurions besoin, augmenteroit la perte qu'entraîne nécessairement tout commerce passif, & elle nous priveroit du bénéfice que nous pouvons faire en revendant une partie des marchandises importées de l'Asie aux Nations Européennes qui n'ont pas des liaisons directes avec l'Inde. Mais cette observation n'a qu'un rapport très-indirect à ce qui concerne nos Colonies, car on ne peut pas regarder nos possessions actuelles dans l'Inde comme une véritable Colonie.

C'est dans l'Archipel de l'Amérique que sont, ainsi que nous l'avons déjà observé, nos richesses coloniales; elles forment annuellement un objet de plus de 200 millions; en les joignant aux produits de l'Agriculture nationale, & à ceux de nos Manufactures & de notre industrie, la masse totale est au moins de 2 *milliards* 550 *millions* 950 *mille livres*.

SAVOIR.

Pour les objets d'Agriculture.	1,826,000,000
Pour ceux d'industrie.	524,950,000
Pour le produit de nos Colonies.	200,000,000
	2,550,950,000

On nous reprochera peut-être d'avoir trop affoibli les différens produits (1); en ce cas, nous répondrons que nous avons mieux aimé errer en moins qu'en plus. D'ailleurs nous avons indiqué les bases sur lesquelles nous avons fondé nos calculs; il sera facile de les rectifier, à mesure qu'on se procurera des renseignemens plus certains. L'objet principal de notre travail a été de présenter les masses qui doivent entrer dans la composition du tableau. Ce sera aux Etats Provinciaux à leur donner leur véritable proportion, & le fini dont elles sont susceptibles. Nous croyons ne pouvoir pas mieux terminer cette partie de notre travail, qu'en observant que, s'il est vrai que la totalité de la population,

(1) Nous ne comprenons pas dans la masse des produits, les bénéfices que peuvent faire sur les Consommateurs, les Négocians, Commissionnaires & Marchands.

tant de la Métropole que des Colonies, soit de 26 millions d'individus, la dépense de chacun, répartie sur les pauvres & les riches, les petits & les grands, n'est que de 90 *liv.* 8 *s.* 4 *d.* tant pour leur nourriture que pour leurs habillemens. Nous ne parlons pas de leur logement, parce que nous n'avons pas porté en recette le produit des maisons; nous ne devons pas par conséquent porter en dépense les frais d'habitation de chaque individu. En les supposant à raison de 10 liv. par tête, comme les Anglois les supputent, on trouvera que la totalité du produit des maisons & bâtimens en France est de 260 millions. Nous croyons qu'on doit le porter plus haut, & après y avoir bien réfléchi, nous estimons que toutes les parties du revenu national, tant foncier qu'industriel, peuvent être évaluées à 3 *milliards*; savoir, le revenu provenant de l'Agriculture, 2 *milliards* (1), celui des Manufactures & des Colonies, 700 *millions* (2), & celui des maisons & bâtimens, tant des villes que des campagnes, 300 *millions*. Suivant cette derniere évaluation, qui nous servira de regle pour ce qui nous reste à dire, il résulte que la dépense de 26 millions d'habitans, que nous n'avions portée pour chacun qu'à 90 *liv.* 8 *s.* 4 *d.*, est de 115 *liv.* 7 *s.* 8 *d.* Les Anglois estiment qu'il faut au moins 188 liv. par tête, pour que chaque individu d'une Nation puisse vivre dans l'aisance; nous sommes bien éloignés d'avoir des produits aussi considérables. Quand même on les porteroit à un quart en sus de notre derniere évaluation, c'est-à-dire, à 4 milliards, la consommation moyenne de 26 millions d'habitans ne

(1) Nous faisons entrer dans la masse totale des produits de notre Agriculture, ceux du Clergé tant séculier que régulier. Quelques personnes pensent qu'ils doivent être évalués à 130 millions; d'autres les portent à 170 millions; nous croyons qu'il convient de prendre le moyen terme entre ces deux évaluations, & que les produits bruts des biens fonciers du Clergé peuvent être estimés 150 millions.

(2) Non compris le fret pour l'importation & l'exportation des objets que nous envoyons dans nos Colonies, & que nous en tirons. En le calculant à raison de 130 livres par tonneau, prix moyen, il forme un total d'environ 25 millions.

feroit

feroit que de 150 liv. & un peu plus. Mais nous perſiſtons à croire que nos produits en tous genres ne vont pas à plus de 3 *milliards*.

C'eſt cette maſſe de richeſſes que le Négociant, le Commerçant & le Marchand ſont chargés de rapprocher des Conſommateurs. Sans ce rapprochement, le Cultivateur, le Manufacturier & l'Artiſan ſe trouveroient ſurchargés de toute la portion de leurs travaux qui ne ſeroit pas néceſſaire à leurs beſoins, & d'autre part ils éprouveroient la diſette des objets que leur travail perſonnel ne leur auroit pas procurés. Soit que cette communication ſe faſſe par l'échange réciproque des différentes productions en nature, ou qu'elle s'opere par le moyen des monnoies qui ſont la repréſentation de toutes les valeurs, les effets en ſont les mêmes; & ce ſont ces échanges, de quelque maniere qu'ils ſe faſſent, qu'on appelle proprement Commerce.

Lorſque les productions du ſol & de l'induſtrie ſont livrées aux conſommateurs qui habitent le Royaume, la communication qui leur eſt faite des choſes néceſſaires à leurs beſoins réels ou factices, prend la dénomination de Commerce intérieur; quand au contraire les productions du ſol & celles de l'induſtrie nationale ſont envoyées à l'Etranger, cette communication s'appelle Commerce extérieur; mais comme il ne ſe borne pas uniquement à exporter, & qu'il s'occupe encore à importer dans le Royaume des productions étrangeres, il ſe ſubdiviſe néceſſairement en Commerce actif ou d'exportation, & en Commerce paſſif ou d'importation. Quoique ces diſtinctions ſoient connues aſſez généralement, cependant nous avons cru devoir les rappeler, afin de nous rendre plus intelligibles. Elles trouveront leur application dans les deux dernieres Parties de ce Mémoire, qui ont principalement pour objet d'expoſer les principes en matiere de Commerce tant intérieur qu'extérieur.

QUATRIEME PARTIE.

Commerce intérieur.

Nous commencerons par le Commerce intérieur; & pour en faire sentir toute l'importance, nous croyons devoir d'abord nous attacher à détruire le préjugé assez universellement répandu, que le Commerce intérieur est beaucoup moins avantageux que celui d'exportation, parce qu'il n'y a que celui-ci qui augmente la richesse nationale.

Cette raison n'est pas absolument vraie pour toutes les Nations indistinctement, & elle l'est encore moins pour la France, que pour le plus grand nombre des autres Puissances commerçantes; le détail dans lequel nous allons entrer en convaincra.

L'objet principal du Commerce est incontestablement d'entretenir dans l'aisance, par le travail, le plus grand nombre d'hommes qu'il est possible; on ne sçauroit révoquer en doute cette proposition. Le Commerce le plus avantageux sera donc celui qui contribuera le plus à l'activité des travaux de toute espece, en procurant le plus grand débouché des productions du sol & de l'industrie. Or que l'on compare le montant de nos exportations en tout genre avec celui de nos consommations intérieures, & on reconnoîtra qu'il n'y a, ni ne peut y avoir aucune proportion.

En effet, dans les temps où nos exportations ont été les plus considérables, elles ont monté à peine à 300 millions; elles sont beaucoup diminuées depuis, tandis que nos consommations intérieures ont augmenté par l'augmentation de la population & par l'accroissement du numéraire. Elles fournissent dix fois plus d'occupation aux peuples, que les objets exportés; donc elles sont dix fois plus avantageuses à l'État.

De cette premiere conséquence il en résulte une seconde; c'est que si, par la suppression des entraves qui gênent l'industrie & nuisent à notre Commerce intérieur, on parvenoit à augmenter l'aisance générale au point d'augmenter nos consommations d'un dixieme, & que ces consommations portassent sur des productions nationales, on procureroit autant du travail au Peuple, que si, par les Traités de Commerce les plus avantageux, & par la découverte d'un Nouveau Monde, on venoit à doubler la masse de nos exportations. Ce point de vue suffiroit seul pour décider la question en faveur du Commerce intérieur; mais il s'éleve encore en sa faveur d'autres moyens aussi décisifs.

En effet, non seulement le Commerce intérieur est beaucoup plus étendu que le Commerce extérieur, mais encore il est le plus sûr. Sa conservation dépend de nous, on ne peut nous en enlever aucune branche sans notre consentement. On ne peut pas en dire autant du Commerce extérieur; car, quelque avantage que puissent nous donner nos productions réelles ou industrielles, tel que soit l'attrait des Etrangers pour nos inventions dans les choses de goût, ou dans celles relatives aux Arts, ces avantages ne sont point exclusifs; d'autres Nations peuvent nous supplanter dans la vente des denrées dont le débouché nous a enrichi jusqu'à présent. Les Arts qui ont amené l'or étranger chez nous, peuvent se fixer ailleurs; & ce que nous disons à ce sujet n'est pas une pure supposition. Nos vins paroissoient, & sont réellement, d'une qualité supérieure à ceux de toute l'Europe, si on en excepte les vins de liqueurs, dont on fait peu d'usage; nous ne devions pas par conséquent appréhender que d'autres leur fussent préférés; cependant le Portugal a réussi à nous enlever, à cet égard, la consommation de la plus grande partie des habitans d'Angleterre.

Quant aux objets de luxe, celles des Nations de l'Europe qui sont en état de les consommer, ont toutes des

Artistes rivaux des nôtres. Ne nous y trompons pas ; c'est-là une des causes de la diminution de nos exportations. Nous devons nous attendre que cette diminution deviendra tous les jours de plus en plus sensible, & qu'à la longue nous n'exporterons que les choses dont les autres Nations auront un besoin indispensable, & qu'elles ne pourront pas se procurer à meilleur compte qu'en France. Aussi un Auteur qui a fait un Ouvrage ou Tableau du Commerce de la Hollande, observe-t-il avec raison, » que si l'on vouloit examiner attentivement la marche » de l'industrie chez toutes les Nations Européennes, on » pourroit voir dans un avenir très-prochain tous les dif- » férens Etats faire leur Commerce naturel. Sous cette » dénomination de Commerce naturel, on doit entendre, » & mettre dans le premier rang, le Commerce inté- » rieur, & ensuite celui des objets que nous pouvons » donner à meilleur compte que nos rivaux «. La Chine, qui contient dans son sein cent millions d'individus, n'est tributaire d'aucune autre Nation pour la nourriture & le vêtement de ses habitans ; son Commerce intérieur lui suffit à elle-même, car on ne peut pas faire entrer en ligne de compte ce qui s'exporte de ses États chez les Puissances Européennes, sur-tout si on le compare à sa consommation intérieure. Donc il n'est pas nécessaire d'avoir un Commerce d'exportation, pour acquérir des richesses. Les premieres & les plus précieuses sont celles du sol.

Pour en retirer tous les avantages qu'il peut procurer, plusieurs moyens doivent concourir ; nous en avons déjà indiqué quelques-uns dans le cours des réflexions que nous avons faites, tant sur l'Agriculture que sur nos différentes Fabriques, & nous avons mis au premier rang l'aisance du Cultivateur ; elle n'est pas moins nécessaire qu'une grande population, pour donner le plus d'activité possible à la circulation intérieure des productions du sol. Quand nous parlons de l'aisance, nous entendons qu'elle doit être proportionnelle ; car si beaucoup d'habitans étoient très-pauvres, & que le plus petit nombre fût très-riche, la dépense de ceux-ci n'égaleroit pas leur superflu ; une partie de la circulation qui devroit se faire, seroit arrêtée ; le Peuple auroit à peine de quoi subvenir à ses premiers besoins par son travail ; & chassé de son pays par la misere, il iroit chercher ailleurs de quoi subsister. On ne peut regarder la circulation comme parfaite dans un Etat, qu'autant que chacun peut dépenser quelque chose au delà du nécessaire qu'il s'est procuré par son travail ou par toute autre espece de revenu. La trop grande différence dans les fortunes des Particuliers, en supposant même qu'elles circulent entiérement, peut bien faire valoir certains Arts de luxe, & enrichir les Ouvriers qui les exercent ; mais elle ne fera pas valoir les Arts nécessaires, tels que l'Agriculture, autant que l'auroit fait une proportion plus rapprochée de l'égalité. La raison en est que le Peuple, qui ne combine point l'avantage général, abandonne l'Art le moins lucratif pour celui qui l'est davantage. Insensiblement les campagnes se dépeuplent, le produit des Arts nécessaires s'anéantit. Son anéantissement force alors de recourir à l'Etranger pour les premiers besoins de la vie ; les secours qu'on en tire épuisent la Nation de son argent, & par un contre-coup inévitable, les Arts agréables succombent à leur tour sous la loi de la nécessité.

Ces réflexions ne sont pas de nous, elles ont été faites par le Traducteur d'un Ouvrage intitulé *le Négociant Anglois*, qui les a mises en note dans sa Traduction, page 210, tome premier ; nous les avons copiées mot à mot, parce qu'elles nous ont paru très-judicieuses, & s'appliquer parfaitement à notre sujet.

Mais comment procurer de l'aisance aux Cultivateurs ? Nous ne connoissons pas d'autres moyens, 1°. que la diminution des impositions ; 2°. l'égalité dans leur répartition ; 3°. la plus grande augmentation possible des bestiaux. La

France est si heureusement située, qu'on peut y élever & y multiplier toutes les especes d'animaux nécessaires pour la culture. Ici l'éducation des chevaux convient mieux que dans une autre partie du Royaume ; là celle des bêtes à cornes est préférable ; celle des moutons réussit presque par-tout : il ne s'agit que de bien choisir les différentes especes de bestiaux qui conviennent le mieux relativement à la nature du climat & à la qualité des pâturages. On peut s'en rapporter à cet égard aux Cultivateurs. Leur expérience & leur intérêt personnel seront des guides plus sûrs que toutes les dissertations qu'on a faites sur la grande & la petite culture, ainsi que sur beaucoup d'autres branches de l'Agriculture. En louant le zele & les efforts de ceux qui ont cherché à répandre des lumieres sur cet objet important, nous croyons devoir dire qu'il est bien difficile, en pareille matiere, de donner des principes applicables à toutes les qualités de terreins. D'ailleurs, des expériences qui ont eu le plus grand succès lorsqu'elles ont été faites en petit, ne prouvent rien ; le plus souvent elles sont en défaut quand elles sont exécutées en grand. En général ce ne sont pas les lumieres qui manquent aux Cultivateurs, ce sont les moyens ; on ne fait rien avec rien. La seule expérience incontestable en Agriculture, c'est qu'on peut, avec des engrais, rendre fertile le terrein le plus ingrat. On ne sçauroit donc trop augmenter le nombre des bestiaux. De tous les encouragemens qu'on peut donner à l'Agriculture, aucun n'est préférable. On ne pourra pas en douter, si on considere que nous sommes tributaires de l'Étranger pour la viande, le beurre & le fromage. Quelques millions répandus dans les campagnes, en nous affranchissant de l'espece de tribut que nous sommes obligés de payer pour nous procurer ces comestibles, deviendroient successivement une source abondante de richesses pour l'État. Il est vrai qu'un pareil encouragement doit être distribué avec beaucoup d'attention & de discernement, afin qu'il ne tombe pas en pure perte ; mais ce sera aux Assemblées Provinciales à prendre les précautions nécessaires pour éviter cet inconvénient. On doit également s'en rapporter à leur sagesse, en ce qui concerne la répartition des Impôts.

Quant à la nature de l'imposition, elle ne fait pas partie de notre travail ; si nous osions hasarder notre avis à ce sujet, nous n'hésiterions pas dans le choix. L'imposition territoriale nous paroît être la seule admissible pour parvenir à la plus grande égalité dans la répartition, sauf à suppléer au *déficit* par des droits sur les consommations.

Dans l'état actuel des choses, ces droits sont beaucoup trop forts. Quoique ce soit le Consommateur qui en fasse les avances, cependant en définitif les Propriétaires des biens de campagne en payent la plus grande partie par un contre-coup inévitable. En effet, l'Acheteur fait son prix en raison de la quotité des droits qu'il a à payer. Dans les années d'abondance, les droits montent souvent aussi haut que la denrée ; le Cultivateur trouve à peine les frais de la culture & de la récolte ; il est forcé de regretter qu'elle ait été aussi bonne. Dans les années ordinaires, il est plus heureux ; mais les bénéfices qu'il peut faire sont toujours très-médiocres, parce que le prix de l'achat de la denrée n'augmente que très-peu, & en raison seulement du risque qu'il peut y avoir qu'elle ne soit pas assez abondante. Il ne peut donc avoir de l'avantage que dans celles où la denrée est plus rare ; mais obligé de la vendre au moment même de la récolte, pour payer ses impositions & les frais de culture, ce n'est pas lui ; ce sont les spéculateurs qui profitent du surhaussement du prix.

On doit attribuer à ces différentes causes la répugnance des Cultivateurs à se livrer à des défrichemens ; mais il en est une particulière ; l'augmentation de produit que les défrichemens procurent, sont souvent un motif pour augmenter les impositions du Cultivateur ; c'est couper l'arbre par la racine, pour en cueillir les fruits. Si on ne remédie pas à ce mauvais calcul, on ne sçauroit se flatter qu'aucun Agriculteur, excepté le riche Propriétaire, se détermine à défricher. Le moyen d'y remédier seroit de rendre une Loi qui affranchira de toutes impositions, pendant un espace de temps plus ou moins long, les terreins qui seront constatés n'avoir pas été travaillés depuis trente ou quarante ans. Il sera nécessaire, pour être bien certain de la vérité du fait, que le procès-verbal qui le constatera soit dressé en présence des Syndics des Paroisses.

Les Provinces pourroient aussi donner des encouragemens, pour engager le Cultivateur pauvre à établir des ruches à miel, à planter des oliviers & des mûriers; car nous sommes également tributaires de l'Étranger pour la cire, l'huile & la soie.

De tout ce que nous venons de dire, on doit en conclure que notre Agriculture est bien éloignée de l'état de perfection où elle pourroit arriver. Nous ne sçaurions nous en prendre au défaut d'étendue & de fertilité de notre sol, nous n'avons rien à désirer à cet égard; mais, nous le répétons, ce sont les moyens qui manquent à la presque totalité des Cultivateurs. Tant que les choses seront ainsi, nous ne devons pas espérer d'augmenter nos produits en ce genre. Cependant ils sont susceptibles au moins d'un quart d'augmentation, & cinq cents millions de plus ne sont pas peu de chose dans la masse générale de la circulation. L'aisance qu'une pareille augmentation procureroit, influeroit bientôt sur la population; car les hommes abondent par-tout où il se trouve un travail qui les fait subsister commodément. Le désir de se reproduire a un attrait si puissant, qu'il ne peut être dominé que par la crainte de ne pouvoir pas procurer une subsistance aisée à ceux à qui l'on donneroit le jour; malheureusement le Paysan ainsi que l'Ouvrier ont appris, comme les autres, à calculer sur cet article. Si leur crainte est funeste pour la population, elle n'est pas moins nuisible

nuisible au progrès de nos Manufactures ; nous ne sçaurions nous abuser à cet égard.

Nos fabrications dans tous les genres ne sont pas aussi animées qu'elles pourroient l'être. Nous avons observé dans le dernier calcul, qu'en portant à *trois milliards* la totalité des revenus de la France, le produit de l'industrie, ou autrement le prix du travail devoit y entrer pour sept cents millions. Cette somme divisée & répartie sur vingt-six millions d'individus de tout âge & de tout sexe, tant de la France que des Colonies, ne formeroit pour chaque individu qu'environ *vingt-six livres dix-huit sous six deniers;* & encore comprenons-nous dans ces sept cents millions, comme produit de la main-d'œuvre & du travail, la moitié des revenus de nos Colonies, quoique la plus grande partie de ces revenus appartiennent au sol & à l'Agriculture. Malgré cela, nous ne trouvons que vingt-six livres dix-huit sous six deniers pour chaque individu, y compris les riches & les pauvres. Certainement une pareille somme n'est pas proportionnée à la masse du travail qu'on auroit droit d'attendre d'une population de vingt-six millions d'individus qui habitent un pays aussi industrieux que la France, & on ne peut voir qu'avec peine & avec surprise que nous soyons obligés de payer chaque année à l'Etranger des sommes considérables, soit pour la valeur des matieres premieres nécessaires à nos fabriques, soit pour le prix des étoffes fabriquées. Nos importations pour ces objets montent annuellement à plus de cent cinquante millions. Nous ne comprenons pas dans cette somme les articles pour lesquels nous sommes absolument obligés d'avoir recours à l'Etranger, tels que les épiceries & quelques autres de la même nature ; nous ne parlons que des matieres premieres que nous pourrions récolter en France & dans nos Colonies, ou des marchandises que nous pourrions fabriquer. Il suffit que nous soyons tributaires à cet égard de l'Etranger, pour que nous soyons fondés à en conclure que nos Manufactures, ainsi que notre Agriculture, n'ont pas toute l'activité qu'elles pourroient avoir, & dont nous aurions besoin pour notre propre consommation. Ce mal est d'autant plus grand, qu'il laisse dans le Royaume beaucoup de bras oisifs, qui, bien loin de lui être à charge, seroient occupés utilement.

On compte que le nombre des pauvres, soit de ceux qui trouvent habituellement asile dans les Hôpitaux & dans les Maisons de charité, soit des autres qui vivent d'aumônes publiques & secretes à Paris & dans les Provinces, est d'environ *cent quatre-vingt mille* (1), c'est-à-dire, à raison de *vingt* sur trois lieues quarrées, ou de *vingt* sur deux mille six cent cinquante-deux individus (2). La main-d'œuvre que procureroit à l'Agriculture & à nos Fabriques l'emploi des cent cinquante millions, excéderoit de beaucoup la somme de travail nécessaire pour occuper les bras oisifs valides. Quant aux infirmes, l'État seroit dédommagé & au delà des sacrifices qu'il fait pour venir à leur secours, par les avantages de la circulation intérieure. Quoique la mendicité soit souvent engendrée par la paresse & par les mauvais exemples, cependant le plus ordinairement elle prend sa source dans le besoin occasionné par le manque de travail, ou par cette multitude d'infirmités auxquelles est sujette l'espece humaine. Le Paysan ne déserte les campagnes que parce qu'il ne peut pas y trouver une existence aisée; le même motif l'engage à envoyer ses enfans dans les villes, pour y apprendre un Art qu'il croit plus lucratif que celui de l'Agriculture, ou pour y servir les riches; mais les cessations de travail, la corruption des mœurs, & la misere, les suivent de près, & viennent les y assiéger. Il ne leur reste d'autre ressource que la mendicité. On aura beau faire les réglemens les plus sages pour la bannir, on n'y réussira jamais, si on ne procure pas au

(1) Voyez un petit Ouvrage intitulé *Notice des principaux Réglemens publiés en Angleterre, concernant les Pauvres*, imprimé à Londres en 1788.

(2) La population moyenne d'une lieue quarrée étant en France de neuf cent quinze, la population de trois lieues quarrées est de deux mille sept cent quarante-cinq.

pauvre les moyens de pouvoir subsister par son travail.

Tel doit être & tel est effectivement l'objet des Arts & des Manufactures; mais pour le remplir dans toute son étendue, il ne faut pas perdre de vue deux maximes principales concernant le Commerce intérieur. L'une, que l'importation des marchandises étrangeres qui empêchent la consommation de celles du pays, ou qui nuisent au progrès de sa culture, entraîne nécessairement à la longue la ruine d'une Nation. L'autre principe est, que toute importation d'objets uniquement de luxe, en échange de l'argent, ne doit être autorisée & permise que lorsque la plus grande partie des objets importés est destinée à être réexportée, & qu'elle présente à la réexportation un bénéfice qui puisse dédommager la Nation de la perte qu'elle fera sur la partie qu'elle a gardée pour sa consommation.

On a essayé, dans un Ouvrage qui a paru depuis peu, de répandre des doutes sur la vérité de ces deux principes, & on s'est fondé sur une prétendue maxime, *que vendre c'est acheter*, & qu'*acheter* c'est *vendre*, puisque l'argent n'est qu'une marchandise. *Cent mille écus en argent ne valent pas mieux que cent mille écus en marchandises*; il est fort indifférent d'*être payé d'une maniere* ou *d'une autre*; & d'après cette maxime, on a conclu que le bénéfice sur le change est le seul profit réel de ce qu'on appelle la balance du Commerce.

Si on n'avoit pas présenté la maxime comme devant s'appliquer indifféremment à tous les cas possibles, nous ne l'aurions pas relevée; mais comme on a cherché à la faire servir de base à des résolutions très-importantes pour la prospérité du Commerce national, nous avons cru devoir renfermer cette maxime dans ses véritables bornes. Nous convenons qu'en général cent mille écus en argent ne valent pas mieux que cent mille écus en marchandises; mais l'achat des marchandises montant à trois cents mille livres, peut être une opération ruineuse, comme elle peut devenir une opération lucrative. Si ces marchandises doivent être consommées par la Nation qui les achete, leur achat est une cause de diminution de ses richesses, puisque ces marchandises une fois consommées, la Nation est privée du numéraire qui a servi à leur payement, & qu'il ne lui reste rien pour le représenter. Si, au contraire, l'achat de ces marchandises est un objet de spéculation, & qu'au lieu de les consommer on se propose de les revendre, cette opération peut devenir lucrative par le benéfice sur la revente. Aussi n'avons-nous admis une partie du principe, qu'avec la restriction que les marchandises importées seront réexportées. Il faut raisonner par rapport à l'intérêt relatif d'un Etat, vis-à-vis les autres Etats de l'Europe, comme on raisonneroit sur les spéculations d'un Négociant. Celui qui emploieroit ses capitaux à l'achat de diverses étoffes, & qui, bien loin de les revendre, les consommeroit en habillemens & en ameublemens pour lui & pour sa famille, deviendroit-il bien riche? Une Nation qui achete pour consommer, n'est-elle pas dans le cas de ce Négociant? S'enrichit-elle?

Nous en avons assez dit sur cette question, pour mettre les bons esprits en état de la décider, & nous revenons à ce qui peut concerner le Commerce intérieur. Pour qu'il puisse avoir toute l'activité dont il est susceptible, ce n'est pas assez que l'Agriculture, qui en doit être la premiere source, soit encouragée de toutes les manieres possibles, & sur-tout par l'abondance des bestiaux, par la diminution & l'égalité des impositions dans leur répartition, par une juste proportion entre la valeur des denrées de premiere nécessité, & le prix du travail du Cultivateur & du Manouvrier; ce n'est pas assez que les Manufactures & les Manufacturiers soient protégés, qu'ils puissent tirer du sol national toutes les matieres premieres sans être obligés de recourir à l'Etranger pour se les procurer; ce n'est pas assez que leurs productions ne soient pas exposées à éprouver des diminutions par une trop grande facilité à laisser introduire dans le Royaume celles de la même espece & du même genre que les leurs; ce n'est pas assez que nos mines, principalement celles de charbon de terre, soient exploitées avec plus d'intelligence & d'empressement qu'elles ne l'ont été jusqu'à présent; que nos pêcheries soient beaucoup plus animées, qu'elles soient débarrassées des entraves qui les gênent; que les Arts utiles soient préférés aux Arts agréables; que tous les bras soient employés, & qu'il ne reste d'oisifs que ceux qui n'ont pas la force de travailler: tous ces avantages, quelque grands qu'ils soient, ne produiront pas encore, pour la circulation intérieure, tout l'effet qu'on auroit droit d'en attendre, tant que l'Etat ne sera pas réuni en un seul corps dont tous les intérêts seront communs.

La distinction entre les Provinces de l'intérieur, celles réputées étrangeres & celles à l'instar de l'Etranger effectif, sépare, quant aux traites, le Royaume en trois parties différentes, & cette séparation est peut-être un des obstacles les plus forts aux progrès de notre Commerce intérieur. Depuis plus de cent ans, l'Administration est occupée des moyens de rendre uniforme le tarif des droits sur les marchandises étrangeres importées dans le Royaume, & sur celles qui en sont exportées; il faut espérer que ce grand œuvre, que nous regardons comme un des plus importans pour la prospérité nationale, se consommera, & nous annonçons avec plaisir que ce tarif est tout prêt. Mais comment le faire exécuter tant que les Provinces, à l'instar de l'Etranger effectif, ou celles réputées étrangeres, ne voudront pas se départir de leurs privilèges? Eh! quel privilége plus abusif que celui qui expose la plus grande partie de la Nation à se voir inondée de marchandises étrangeres, si elle ne fait pas des frais immenses pour en empêcher l'introduction! Quel privilége encore que celui de ne pouvoir consommer des marchandises nationales, qu'en payant chérement la condescendance du Gouvernement à le permettre! Quel privilége enfin que celui qui réduit une portion des habitans du Royaume à ne pouvoir faire d'autre Commerce que le Commerce étranger ! Aussi ce ne sont ni les Négocians, ni les Commerçans honnêtes qui s'opposent à l'uniformité des droits d'entrée & de sortie. Ce sont, d'une part, les fraudeurs qui regardent la contrebande comme un Commerce; d'autre part, les Propriétaires qui craignent que les denrées de l'intérieur du Royaume n'operent une concurrence qui diminuera la valeur de celles qu'ils récoltent; & pour tout dire, ce sont les personnes vivant de leurs rentes, qui calculent que tout ce dont ils auront besoin pour leur consommation particuliere enchérira. Les premiers ne méritent certainement aucune considération. Les troisiemes en méritent beaucoup plus; mais leur intérêt particulier ne sçauroit l'emporter sur l'intérêt général. Quant aux Propriétaires de fonds, s'ils pouvoient se convaincre des avantages que procure à une Province un Commerce bien animé, & combien fait valoir les propriétés une circulation du numéraire plus abondante, nous ne doutons pas qu'ils ne changeassent d'avis. Au surplus, cette question a été si bien traitée, que nous ne pouvons rien faire de mieux que de renvoyer ceux qui voudront la considérer sous tous les points de vue qu'elle présente, aux Ouvrages qui ont été faits pour & contre.

C'est ici le moment d'examiner une autre question d'une égale importance, & dont la solution mérite d'autant plus d'attention, qu'elle peut influer sur la décision de plusieurs autres relatives tant au Commerce intérieur qu'extérieur.

Elle consiste à savoir s'il faut abandonner entiérement le Commerce à lui-même, & s'en rapporter uniquement à la bonne foi du Négociant & du Commerçant, ou s'il faut laisser subsister des Loix & des Réglemens, pour être assuré que la bonne foi sera respectée.

Les partisans de la liberté indéfinie pensent que la moindre contrainte est nuisible au Commerce; que le meilleur Gouvernement est celui qui oublie qu'il existe un Commerce dans l'Etat; qu'il ne doit s'en souvenir que pour le protéger par mer & par terre, pour l'encourager & lui faciliter les communications, en ouvrant des canaux & des chemins; ils bornent à ces seuls objets l'office de la puissance publique.

Les partisans de l'ancien régime réglementaire désireroient au contraire que l'Administration veillât sans cesse à ce qu'une branche de Commerce n'intercepte pas la nourriture qu'une autre doit recevoir; à ce que le Commerce étranger ne nuise point au nôtre; à ce que le Gouvernement favorise l'importation des matieres premieres, qui ne sont pas de notre cru & qui sont nécessaires à nos Manufactures; à ce qu'il encourage l'exportation des matieres ouvragées: ils voudroient que le Gouvernement prohibât la sortie de toutes les denrées de premiere nécessité, excepté qu'il ne fût démontré qu'il y en a dans le Royaume de superflues; ils voudroient encore que, pour exciter l'émulation & l'industrie, l'Administration accordât des priviléges, quelquefois exclusifs, mais toujours à temps & jamais sans bornes; qu'elle maintînt la bonne foi dans les ventes, par une attention continuelle à la qualité des ouvrages, au travail des étoffes, aux longueurs & largeurs, aux formes, aux apprêts, & aux teintures.

Pour concilier les deux opinions, l'Administration du Commerce crut devoir, en 1779, adopter un moyen terme, en ce qui concerne les différentes especes de fabrications; elle laissa à tous les Fabricans la liberté de fabriquer de la maniere qu'ils jugeroient à propos, à la charge de mettre aux étoffes qu'ils fabriqueroient, suivant des combinaisons arbitraires, des lisieres & des marques distinctives de celles dont doivent être revêtues les étoffes fabriquées, conformément aux Réglemens, en sorte que celles-ci seules seroient considérées à l'avenir comme ayant l'approbation & l'attache du Gouvernement, tandis que les autres seroient livrées en quelque sorte à l'essai qu'en feroit l'acheteur ou le consommateur: ce régime intermédiaire ne fut lui-même admis que par forme d'essai. Il en est résulté que le plus grand nombre des meilleurs Fabricans, qui ont persévéré à ne fabriquer leurs étoffes que conformément à ce qui est prescrit par les Réglemens, n'ont pas tardé à se plaindre qu'ils ne pouvoient pas soutenir la concurrence avec ceux qui avoient préféré la fabrication arbitraire. D'autre part, ceux-ci se sont également plaint qu'en les assujettissant à mettre à leurs étoffes des lisieres & des marques distinctes de celles mises aux étoffes réglées, on attachoit, pour ainsi dire, un signe de réprobation à leurs marchandises; & quoique dans le fait ils aient fabriqué une plus grande quantité d'étoffes que les autres Fabricans, ils ont cependant demandé que les marques distinctives des deux especes de fabrication fussent supprimées; en sorte que la question de la liberté indéfinie ou du systême réglementaire, quant aux Manufactures, subsiste dans son intégrité. Elle subsiste également en ce qui concerne le Commerce extérieur.

Pour pouvoir se déterminer entre ces deux extrêmes, il paroît nécessaire de convenir de la véritable signification des termes. Qu'entend-on par cette expression, liberté? Ce n'est certainement pas le droit, ou, pour mieux dire, la faculté de tout faire sans examen ni restriction; une pareille faculté seroit non seulement contraire à tous les principes constitutifs des Sociétés & des Gouvernemens; mais encore elle seroit destructive de la liberté elle-même, car elle en seroit l'excès. Ainsi la liberté, prise dans le sens que tout être raisonnable doit lui donner, est le droit de faire ce qui convient à notre intérêt personnel, sans blesser les Loix divines, naturelles & positives, & sans porter préjudice à autrui. Le Négociant, le Commerçant & le Manufacturier sont incontestablement soumis à ces Loix; ils y sont même soumis plus que tout autre, puisque la bonne foi est l'ame & le soutien du Commerce.

La liberté, en ce qui les concerne, consiste à faire facilement toutes les opérations de Commerce que l'intérêt général de la Société, bien entendu, *permet*.

Ce dernier mot de la définition met une restriction à la liberté, & annonce la nécessité des Loix & des Réglemens pour

pour déterminer & prescrire ce qui doit être permis ou défendu. Opposera-t-on que l'équité naturelle étant le premier lien des Nations, elle suffira pour les éclairer sur leurs devoirs respectifs? Mais il faudroit bien peu connoître le cœur humain, pour ne pas savoir que l'intérêt personnel, toujours ardent & souvent mal entendu, fera naître en mille occasions la fraude & l'injustice, sur-tout quand l'impunité en assurera le succès.

Quelque bonne opinion qu'on puisse avoir de l'espece humaine, on ne se persuadera jamais qu'il puisse exister une Société quelconque sans le secours de Loix protectrices & conservatrices de la bonne foi. Le Corps des Négocians & des Commerçans en général doit être considéré comme une espece de République formée par les besoins mutuels des différentes Nations chez lesquelles ils sont répandus. Des intérêts réciproques entretiennent leurs correspondances, & les unissent; mais cette union cesseroit bientôt, si le Commerce n'étoit plus que l'art de se tromper, réduit en pratique. La Loi naturelle a été, il est vrai, la premiere Loi constitutive de cette espece de République; elle a été la source d'une infinité de maximes & d'usages sur la probité, la bonne foi, l'honneur & le crédit, qui sont les bases fondamentales sur lesquelles tout le Commerce roule & se soutient; mais il a fallu des regles particulieres concernant *la forme* des lettres de change, *la force & l'étendue* des engagemens qu'elles contiennent. Il en a fallu pour *les assurances*, *le fret*, *le naufrage*, *les avaries*, *les ventes*, *les achats*, *les commissions*. Il en a fallu pour les différentes especes de *Sociétés* contractées par les Négocians, pour *les faillites* & les *banqueroutes*. Il en a fallu enfin pour toutes les parties qui composent ce tout appelé *Commerce*. Lorsqu'on voudra jeter un coup-d'œil sur sa marche ordinaire, on sera de plus en plus convaincu de la nécessité qu'il soit soumis à des Loix. Ce que nous allons dire concerne principalement le Commerce d'exportation.

Chaque Négociant n'attend pas, pour se pourvoir des

articles dont il a besoin, qu'on les lui apporte, & il est rare qu'il se déplace pour aller les chercher ; le plus grand nombre a des Correspondans ou des Commissionnaires. Il achete & vend des marchandises ou des denrées d'un prix & d'un volume considérable, sans que le plus souvent elles aient été déballées & examinées ; elles passent d'un pays dans un autre, & changent trois ou quatre fois de Propriétaire, également sans aucun examen, sans visites, & sans recherches, si ce n'est celles des Douanes établies pour empêcher la contrebande ou faire payer les droits. Or, comment un Commerce fait de cette maniere pourroit-il exister entre les Sujets de deux Puissances différentes, s'il n'existoit aucune Loi, aucun Réglement, pour rassurer contre la fraude? On sait que la fraude est encore plus industrieuse que les Loix ne sont prévoyantes; mais au moins elles contiennent & servent de frein à la cupidité du plus grand nombre, & elles donnent un recours contre le fraudeur. Quoique ce recours n'offre le plus souvent qu'une foible ressource, cependant elle sera toujours quelque chose de plus que le remede indiqué par les partisans de la liberté indéfinie. Selon eux, le Négociant qui aura été trompé une premiere fois, s'exposera difficilement à l'être une seconde par la même personne, & le trompeur sera puni par la cessation d'une correspondance lucrative. Mais s'il n'y a pas de Loix, qui garantira le Négociant ou le Consommateur qu'il ne sera pas exposé aux mêmes tromperies vis-à-vis de tout autre auquel il s'adressera?

Quelques personnes ont voulu distinguer le cas où la fraude est consommée entre les Sujets de la même Puissance, & ont prétendu qu'elle tiroit à des conséquences moins funestes, que si elle l'avoit été entre les Sujets de deux Puissances différentes. Cette distinction peut être vraie; mais bien loin de prouver que les Loix ne sont pas nécessaires pour le Commerce, elle prouve indirectement qu'il en faut pour les articles exportés. Or il est bien difficile de concevoir que dans un Gouvernement policé, le Souverain n'accorde pas à ses Sujets une protection égale à celle dont il reconnoît la nécessité pour les Sujets des Puissances étrangeres.

Revenons au vrai : lorsqu'il n'y aura pas une espece de certitude que la bonne foi sera respectée dans un Etat, les Commerçans qui habitent chez les autres Nations, se livreront bien plus difficilement aux opérations de Commerce avec les Sujets de l'Etat suspecté, & ils n'en feront même que dans le cas où ils espéreront des profits qui pourront compenser les risques ; car, dans le Commerce, tout est calcul, & en derniere analyse, ce sont toujours les Gouvernemens mal policés qui sont victimes de l'infidélité ou de la mauvaise foi de leurs Sujets.

Une seconde maxime également vraie, c'est que tout systême fondé sur la bonté des hommes est toujours très-précaire & très-casuel, & qu'il l'est encore davantage à proportion de la corruption des mœurs. Sans vouloir faire la critique de celles du siecle actuel, on croit pouvoir dire que le Commerce ne se fait plus avec la même bonne foi que nos peres le faisoient. La plupart de ceux qui embrassent cette profession, respirent après le moment où ils auront pu s'enrichir, pour la quitter & procurer à leurs enfans un état plus honorable : on en sera moins surpris, si l'on fait attention qu'en France, le Commerçant n'est peut-être pas aussi distingué qu'il devroit l'être. Il n'en est pas de même en Angleterre & en Hollande ; le Commerçant, sûr d'acquérir une considération proportionnée à l'utilité dont seront à sa Patrie ses opérations, n'est occupé que des moyens de monter son commerce de maniere à mériter la confiance de ses Correspondans, & de la transmettre à ses enfans comme la portion la plus précieuse de son hérédité. Quoi qu'il en soit, vouloir que l'intérêt de tous soit le mobile le plus puissant & le Législateur le plus éclairé, c'est présenter, sous des mots différens, le systême de *la liberté indéfinie*, pour le mettre en opposition avec les simples lumieres du bon sens ; car enfin cet intérêt de tous ne peut avoir d'exiſtence que par le concours & la réunion de tous les intérêts particuliers. Or, ſi ces intérêts ſe choquent & s'entre-croiſent ſans ceſſe, ſi l'opinion nationale les force, ou au moins les excite à diriger tous leurs efforts vers les richeſſes, comment le Négociant honnête pourra-t-il ſoutenir la concurrence avec celui qui regardera comme bons tous les moyens d'acquérir de la fortune, pourvu qu'il en acquiere promptement ?

Mais enfin à quels objets de Commerce les partiſans de la liberté indéfinie veulent-ils appliquer leur ſyſtême? Car à force d'avoir généraliſé leur propoſition, ils l'ont rendue indéfiniſſable. Prétendent-ils qu'on doit permettre indéfiniment l'exportation, non ſeulement de toutes nos matieres premieres, néceſſaires pour alimenter nos Manufactures ; mais encore celle de toutes nos denrées de premiere néceſſité, même celle des blés, ſur le fondement que par-tout où il *y a cherté, il y a abondance ?* Une expérience de ving-cinq années nous a appris que ce principe n'eſt rien moins qu'infaillible ; ce qu'il a produit de plus réel a été de conſommer la miſere des peuples, & de jeter le Gouvernement dans des dépenſes immenſes. On auroit pu éviter ces deux maux, ſi on eût conſidéré que les rivieres & les fleuves qui traverſent le Royaume, ayant un cours très-rapide & aboutiſſans à l'Océan & à la Méditerranée, toutes les Provinces du Royaume peuvent en quinze jours être dégarnies des denrées les plus néceſſaires pour la ſubſiſtance de leurs habitans, tandis qu'il faut au moins quatre mois pour approviſionner les Provinces de l'intérieur, en remontant les mêmes fleuves.

En ſecond lieu, dès que la cherté opere la calamité publique, convient-il de l'employer comme moyen de procurer l'abondance, ſur-tout lorſque la crainte ſeule de manquer de l'abſolu néceſſaire peut produire des effets preſque auſſi funeſtes que la diſette? Il s'agit ici de la ſubſiſtance de plus de 24 millions d'hommes. Cette conſidération ſeule ſuffit pour prouver que la prohibition de l'exportation doit être la premiere regle d'un Gouvernement prudent & ſage ;

que les ſpéculations que l'on peut faire à ce ſujet ne doivent être que très-ſubſidiaires à la ſûreté générale, & qu'elles ne peuvent avoir pour objet que le ſuperflu, & encore faut-il qu'il ſoit prouvé moralement que la récolte ſuivante remplira le vide.

En vain ſe flatteroit-on que lorſque la liberté indéfinie ſera admiſe, les Négocians de l'intérieur du Royaume s'occuperont de ce genre de Commerce. Deux obſtacles invincibles s'y oppoſeront toujours. L'un prend ſa ſource dans le préjugé national, qui a attaché à ce genre de Commerce l'idée du monopole. L'autre réſulte de ce que les ſpéculations qu'on peut faire en France ſur les grains, ne pouvant être qu'accidentelles, momentanées, & ſouvent trop tardives pour en eſpérer des bénéfices, l'eſprit d'intérêt ſuffiroit ſeul pour déſabuſer le Négociant d'une ſemblable entrepriſe. Auſſi en voit-on fort peu qui ſe livrent à ces ſortes de ſpéculations, ſi ce n'eſt dans les ports maritimes, parce qu'ils ſont aſſurés que, s'ils ne vendent pas leurs grains en France, ils pourront facilement les faire paſſer à l'Étranger. Le plus ſouvent ils les laiſſent dans les navires; ils épargnent par-là des frais conſidérables, que les Négocians de l'intérieur ſeroient obligés de ſupporter : on doit auſſi faire entrer pour quelque choſe dans les calculs, le riſque de voir ſes magaſins pillés, à la premiere appréhenſion d'une diſette. Ce qui ſe pratique dans le Nord, en Hollande, en Angleterre & dans quelques autres Etats de l'Europe, ne ſçauroit nous ſervir d'exemple. Les Etats du Nord récoltent beaucoup plus de grains qu'il ne leur en faut pour leur conſommation; auſſi ils éprouvent rarement des diſettes en ce genre.

Quant à l'Angleterre, pour qu'elle pût ſervir d'exemple à la France, il faudroit que tout fût égal de part & d'autre, & il s'en faut de beaucoup que cela ſoit ainſi. La France, plus grande que l'Angleterre, renferme à peu près la même population proportionnelle; mais il n'y a pas parité de productions en grains. L'Angleterre a peu de forêts; elle n'a point de vignes, point de plantations d'oliviers ni de mûriers; tout ſon territoire eſt employé ou à produire des grains, ou en pâturages pour la nourriture des beſtiaux. La France au contraire a des forêts aſſez étendues ; une grande partie de ſon ſol eſt couverte de vignes : il ne reſte par conſéquent qu'une portion de ſes poſſeſſions pour la production des grains ; ainſi, à fertilité égale, l'Angleterre doit avoir du ſuperflu, quand la France n'aura que ce qui lui eſt néceſſaire pour la nourriture de ſes habitans. La France exporte des vins & des eaux-de-vie ; l'Angleterre eſt obligée d'en importer pour ſa conſommation entiere ; en ſorte que, ſi l'on compare ce qu'elle exporte en grains, avec ce que la France exporte en vins & en eaux-de-vie, on trouvera que l'Agriculture de France fournit autant au Commerce étranger, que celle d'Angleterre. D'ailleurs l'Angleterre n'exporte aucuns grains pour ſes Colonies ; celles qu'elle poſſede dans le Continent nourriſſent les Iſles, & envoient même des grains en Angleterre.

Une autre différence eſſentielle à ſaiſir, c'eſt que dans le cas où la diſette ſe fait ſentir dans l'un ou dans l'autre Royaume, il eſt infiniment plus facile de pourvoir aux beſoins de l'Angleterre, qu'à ceux de la France, puiſque la conſommation du premier n'eſt que le tiers de celle du ſecond ; & qu'ainſi, en ſuppoſant le *déficit* d'un dixieme dans les récoltes des deux Royaumes, il faudro t 12 à 15 millions de quintaux pour ſubvenir aux beſoins de la France, tandis que 4 à 5 millions ſuffiroient à l'Angleterre. Le Négociant le moins inſtruit ſait qu'il n'y a aucune comparaiſon à faire entre la difficulté de ſe procurer l'une ou l'autre quantité. Nous ajouterons que, malgré les avantages dont jouit l'Angleterre pour l'approviſionnement des grains néceſſaires à ſa conſommation, elle n'a pas été à l'abri des diſettes. Non ſeulement elle a été obligée plus d'une fois d'en défendre la ſortie, & d'abandonner par conſéquent le ſyſtême de la liberté ; mais encore elle s'eſt trouvée dans la néceſſité d'en encourager l'importation par des primes. La faveur qu'elle accorde en général à l'exportation des grains, a été en partie balancée par le ſurhauſſement qu'elle a opéré dans le prix de la main-d'œuvre, qui est en général beaucoup plus chere en Angleterre qu'en France. Ce surhaussement a été tel, que peu s'en est fallu qu'il n'anéantît les Fabriques de lainage ; l'Angleterre ne les a soutenues dans leur état de prospérité, qu'en maintenant ses laines à un prix bien inférieur à celui de toutes les laines de l'Europe, quoique leur qualité soit supérieure à celle des autres pays, excepté néanmoins les laines d'Espagne. Tel est le motif des prohibitions les plus séveres, en ce qui concerne la sortie des laines d'Angleterre ; leur abondance a dû nécessairement en diminuer la valeur. Cette défense a excité souvent les plaintes des propriétaires de fonds ; mais le Gouvernement Anglois n'a jamais cru devoir se relâcher de la rigueur de ses principes, dans la crainte de favoriser nos Manufactures de laines ; il a préféré de tenir la main-d'œuvre à un prix plus haut, par les facilités qu'il a donné à l'exportation des grains ; en sorte qu'en favorisant cette exportation, il a dédommagé les Propriétaires du sacrifice qu'il en a exigé sur la valeur des laines (1). Nous avons cru devoir traiter cet article un peu longuement, parce que, si l'on sait en général que la main-d'œuvre est plus chere en Angleterre qu'en France, mais que, d'autre part, les laines y sont à meilleur marché, on en ignore une des principales causes. Elle prouvera que la prétendue liberté Angloise, en matiere de Commerce, si fort vantée, est toujours calculée sur le plus grand avantage de l'Etat : car il est encore plus contraire aux principes de la liberté de défendre l'exportation des laines, & sur-tout de celles qui sont superflues, qu'il ne l'est de prohiber l'exportation des grains. Quoi qu'il en soit, il y a une si grande disparité entre les deux Royaumes, par rapport au Commerce des grains,

(1) Dans un Ouvrage Anglois, intitulé : *Filature, Commerce, & Prix des Laines en Angleterre*, on articule que la défense d'exporter les Laines Angloises, enleve au Propriétaire ou au Fermier 60 à 100 pour 100 de la plus nette valeur de sa Laine, & que cette taxe odieuse & cruelle monte à 2 ou 3 millions sterlings par an. Voyez page 238 de la Traduction. Cet Ouvrage est très-intéressant.

que la conduite de l'un ne sçauroit déterminer celle de l'autre.

La Hollande peut encore moins être comparée à la France sur cet article ; elle ne recueille des grains que pour nourrir une partie de ses habitans ; elle est obligée d'avoir sans cesse recours aux Etrangers, pour se procurer ceux qui lui manquent. La liberté est donc le seul régime qui lui convienne. D'ailleurs son Commerce est celui d'économie ; il a principalement pour objet d'approvisionner, au meilleur marché possible, tous les Etats de l'Europe des choses qui leur sont nécessaires. Les Négocians Hollandois doivent avoir & ont effectivement des magasins de toutes les especes de marchandises, afin d'être prêts à les porter dans tous les pays qui en manquent. Comme le besoin des grains existe toujours dans leur Patrie, & qu'ils ont les moyens d'y pourvoir par les bénéfices immenses que leur procurent les autres branches de leur Commerce, ils spéculent en sûreté, en y important des grains.

On doit conclure de toutes ces différences, que le régime qui convient à une petite Nation est rarement dans le cas d'être adopté par une grande, sur-tout en ce qui concerne la partie des subsistances d'une nécessité absolue. Nous le répétons, la premiere regle d'une bonne administration doit être de n'accorder la liberté de l'exportation que pour le superflu. Les moyens de reconnoître quand & jusqu'à concurrence de quelle quantité ce superflu existe, ne sont pas faciles ; & c'est pourquoi la prohibition du Commerce des grains hors du Royaume, doit être l'état habituel de la France, sauf à tempérer cette rigueur, lorsque les apparences d'une récolte prochaine garantissent de la crainte d'en manquer ; & encore convient-il de veiller avec le plus grand soin à ce qu'il ne s'en exporte pas une trop grande quantité.

Le principe de la liberté indéfinie n'est donc pas tellement universel, qu'il puisse & doive être appliqué à tous les genres de de Commerce indifféremment. Il est, comme tous les autres principes, susceptible d'exceptions; & par une seconde conséquence, il n'exclut pas de droit toutes les Loix & tous les Réglemens, même ceux qui sont prohibitifs, quoique la prohibition soit diamétralement contraire à la liberté indéfinie.

Ce que nous venons de dire au sujet de l'exportation de grains, nous pouvons, par les mêmes motifs, l'adapter aux autres denrées de premiere nécessité, ainsi qu'aux matieres premieres dont nous avons besoin pour alimenter nos Manufactures.

Mais peut-être nous contestera-t-on qu'il doive s'appliquer aux droits de traites. C'est encore ici le cas de distinguer. Si les partisans de la liberté indéfinie se bornent à demander que ceux établis à la circulation de Province à Province soient supprimés, nos vœux à cet égard sont conformes aux leurs; mais s'ils demandent une suppression entiere & absolue des droits à l'introduction & à la sortie du Royaume, nous observerons qu'il faut d'abord trouver les moyens de remplacer les produits; en second lieu, il faut engager les Puissances Etrangeres à imiter notre exemple : dans le cas où elles ne consentiroient pas à faire le même sacrifice, nous donnerions à leur Commerce un avantage immense sur le nôtre; mais comme il n'y a point de Nation qui puisse laisser libres l'entrée & la sortie de toutes sortes de denrées & de marchandises, il faut donc nécessairement un tarif, soit pour l'intérêt de la Finance, soit pour encourager notre Agriculture, notre Industrie & notre Commerce. Tout tarif des droits de traite qui s'écarte de cet objet, est nécessairement mauvais. Aussi, de toutes les Loix nécessaires pour l'administration du Commerce, il n'en est point qui exigent plus de calculs, de combinaisons & de connoissances des intérêts respectifs des différentes Puissances; & comme ces intérêts varient continuellement, à peine un Réglement est-il fait, qu'il faut lui en substituer un autre, pour entretenir, autant qu'il est possible, le niveau entre notre Commerce

& celui des Puissances rivales. Ici se trouve également en défaut le systême de la liberté indéfinie, qui voudroit que le Gouvernement oubliât en quelque sorte qu'il existe un Commerce dans le Royaume. Voyons si on pourra en faire une application plus heureuse à la partie qui concerne les Manufactures.

Nous ne rappellerons point ici les observations que nous avons déjà faites pour prouver combien les Manufactures sont utiles dans un Etat, & combien il lui importe de les multiplier & de les encourager; mais nous croyons devoir entrer dans quelque détail sur plusieurs points relatifs à la profession du Manufacturier.

C'est lui qui donne aux matieres premieres des formes nouvelles, & qui par-là en augmente la valeur plus ou moins, suivant les différentes especes de fabrication. Il doit être considéré comme le premier Agent du Commerce dans cette partie; il lui imprime par lui, ou par les bras qu'il met en action, tout le mouvement. Mais si les Manufacturiers ne sont pas assujettis à des regles fixes & certaines, s'ils ne sont pas surveillés par des personnes instruites & désintéressées, si en cas de contravention ils ne sont pas punis, toutes les probabilités se réunissent pour croire que cet intérêt de tous, qu'on voudroit présenter comme le mobile le plus puissant, sera encore sacrifié à l'avidité de l'intérêt personnel. En effet, parmi le grand nombre d'Ouvriers de tout âge & de tout sexe employés dans les Manufactures, la plupart sont continuellement exposés aux horreurs de la misere; ils n'ont rien à perdre du côté de leur réputation, ils sont à peine connus, leurs métiers sont épars & isolés; les fraudes qu'ils peuvent commettre sont faciles à couvrir; ils travaillent presque tous pour le compte des Commissionnaires ou de Commerçans qui cherchent à tirer le meilleur marché possible de leur travail, & qui, le plus souvent, les tyrannisent sur le prix de la main-d'œuvre. Il faut en convenir de bonne foi, la tentation de tromper est bien prochaine pour eux, & le malheureux Ouvrier y résistera difficilement, quand il ne sera contenu par aucun frein.

On ne sçauroit comprendre, à la vérité, dans la même classe, les Entrepreneurs de ces grandes Manufactures, qui réunissent dans leur enceinte une quantité considérable d'Ouvriers; la réputation est pour ces Manufacturiers un bien aussi précieux qu'elle l'est pour les Négocians en général. D'ailleurs les avances considérables qu'ils ont été obligés de faire pour former leurs établissemens, sont en quelque sorte une garantie pour le Public qu'il ne sera pas trompé. Mais en ce qui concerne les Fabriques isolées, toutes les présomptions se réunissent pour ne pas laisser de doute que le Négociant, le Marchand & le Consommateur seront sans cesse les victimes de la mauvaise foi du Fabricant, si des Réglemens sages ne forment pas une espece de contre-poids qui puisse résister aux efforts de la cupidité. Le passage du régime réglementaire à celui de la liberté, sera d'autant plus funeste, que l'Ouvrier & l'Artisan regarderont l'infidélité même comme permise à l'ombre de l'axiome, *caveat emptor*. Ils ne feront plus consister l'habileté de leur Art que dans celle de tromper; ils y réussiront d'autant plus facilement, qu'en général, parmi les Consommateurs, & même parmi les Négocians à qui on expédie des marchandises, il y en a bien peu qui connoissent toutes les ruses qu'on peut employer dans la fabrication. Combien ignorent qu'en tirant une étoffe par le secours de la rame, on peut lui donner beaucoup plus de longueur & de largeur que sa fabrication n'en comporte; qu'elle perd ensuite, lorsqu'on l'emploie, tout ce qu'elle a acquis de trop, & que ce procédé en énerve la qualité? Combien d'autres ne savent pas que le brillant de la teinture ne décide pas de sa bonté, qu'elle est au contraire le plus souvent une preuve que la couleur est fausse? Combien enfin sont séduits par des apparences trompeuses, que les gens de l'Art peuvent seuls distinguer & connoître?

On objectera sans doute que le discrédit, dans les marchés étrangers, de nos étoffes, provient bien moins des vices de leur fabrication, que de leur cherté ; mais pour que l'objection fût concluante contre les Réglemens, il faudroit prouver qu'ils occasionnent cette plus grande cherté, & prouver encore qu'aucune autre cause ne l'opere. Or nous ne sçaurions nous dissimuler que chez plusieurs des Puissances rivales, il y a une grande abondance des matieres premieres nécessaires aux principales branches d'industrie, & que ces matieres premieres se vendent 30 & même 60 pour 100 meilleur marché qu'en France. Chez d'autres la main-d'œuvre est moins chere. Pourquoi ne pas attribuer à ces causes la préférence que leurs fabrications ont sur les nôtres ? Pourquoi vouloir rendre responsables de cette préférence, les maîtrises, les inspections & les Jurandes, les Bureaux de visite & de marque, les priviléges exclusifs ? sur-tout lorsqu'il est bien constaté que quand nous combattons à armes égales avec nos rivaux, nous avons la supériorité. Parmi beaucoup d'exemples que nous pourrions citer, nous n'en rapporterons qu'un seul : celui de nos draps fins, fabriqués avec des laines d'Espagne. Ne l'emportons-nous pas pour cet article sur toutes les Manufactures de l'Europe ? Ce ne sont donc pas les Réglemens qui s'opposent à la concurrence par rapport à ceux des articles que nos rivaux peuvent donner à meilleur compte que nos Manufacturiers. Nous disons plus : dès qu'un plus haut prix de la main-d'œuvre & des matieres premieres ne nous permet pas de combattre contre eux à armes égales, la perfection dans la fabrication est encore plus nécessaire, parce qu'elle peut seule nous préserver de la perte totale d'une branche d'industrie prête à nous échapper. Or ce n'est que par l'observation exacte des Réglemens, que nous pouvons être assurés d'obtenir cette perfection.

Les maîtrises contribuent aussi beaucoup à empêcher qu'elle ne s'altere ; & quand même le maintien de l'ordre public n'exigeroit pas que dans un Etat monarchique tous les Sujets soient classés suivant leur état & profession, il feroit effentiel pour le progrès des Manufactures & des Arts, qu'il exiftât des Jurandes & des Communautés. En effet, on ne peut favoir une chofe que lorfqu'on en a appris les principes, & qu'on a joint la pratique à la théorie. D'ailleurs il faut accoutumer de bonne heure la jeuneffe au travail ; & puifque nous voulons nous modeler en tout fur ce qui fe fait en Angleterre, ne perdons pas de vue que les apprentiffages & les compagnonages font plus longs chez les Anglois que chez nous. A l'égard des maîtrifes, elles ne peuvent être confidérées en France comme onéreufes, que par rapport à la finance ; il feroit à défirer qu'on pût la fupprimer, ou au moins la diminuer en plus grande partie; c'étoit le vœu général, à l'époque du rétabliffement des Communautés; mais il falloit acquitter les dettes des anciennes fupprimées; le tréfor royal n'étoit pas en état de faire le facrifice entier du produit du droit; tout ce qu'il a pu faire a été de confentir qu'il fût diminué confidérablement : il l'a été ; les droits d'admiffion à la maîtrife font employés utilement, tandis qu'ils l'étoient à des frais de banquets, ou qu'ils étoient gafpillés par les Syndics & Gardes.

Ils en ufoient de la même maniere pour le produit du droit de marque. Quant à la formalité de la marque en elle-même, elle étoit indifpenfable dans l'exécution du plan de M. Colbert ; elle fut inftituée par ce Miniftre, & il n'eft pas poffible de la fupprimer, fi on croit devoir laiffer fubfifter les Réglemens, puifque c'eft elle qui conftate que la fabrication y eft conforme. Dans le cas même où l'on croiroit devoir l'anéantir, il feroit encore néceffaire d'affujettir les étoffes nationales à être marquées, pour pouvoir les diftinguer des étoffes étrangeres. Le droit eft fi modique, qu'il ne peut pas être un obftacle à la concurrence. Son produit eft deftiné à payer les appointemens des Infpecteurs & de tous les autres Agens du Commerce. Si on admet *la liberté indéfinie*, on convient fans peine que le plus grand nombre de ces Agens devient inutile ; on pourroit alors ne laisser subsister le droit que jusqu'à concurrence de la valeur intrinseque du plomb que fournit actuellement l'Administration, & qu'elle ne fournissoit pas autrefois, & jusques à concurrence des appointemens des Préposés chargés de faire apposer la marque. Tout calculé, cette économie n'allégeroit pas la fabrication nationale de 100 mille livres par année.

Cependant, à entendre quelques Communautés qui voudroient s'arroger le produit du droit pour continuer d'en faire un mauvais usage, on a dû croire qu'il grevoit considérablement le Commerce, & que c'étoit une nouveauté. Rien n'est plus contraire à la vérité. Pour rendre leur demande plus favorable, ces mêmes Communautés ont demandé d'être rétablies dans la prérogative dont elles jouissoient, d'inspecter les ouvrages de leur Art ou profession, elles ont invoqué la disposition des anciens Réglemens; mais elles n'ont pas dit que le changement n'a été fait que pour empêcher les abus en tous genres, auxquels se livroient le plus grand nombre des Syndics & des Jurés-Gardes. Si à l'exemple de leurs prédécesseurs, ils eussent continué à regarder cette qualité comme une distinction qui les associoit en quelque sorte à l'Administration, on n'eût jamais songé à leur substituer des Préposés pour la perception du droit.

Quant aux Inspecteurs & aux Sous-Inspecteurs, leur création remonte également à l'époque du Ministere de M. Colbert; il étoit intimement persuadé que leurs fonctions seroient utiles aux progrès des Manufactures, & elles l'ont été infiniment; elles le seront encore, lorsque ceux qui les remplissent seront assurés de la marche qu'ils doivent tenir; mais depuis 20 ans on a changé si souvent de systême, qu'ils ont été continuellement dans l'incertitude sur les principes & sur leur application. Malgré cela, on doit la justice au plus grand nombre d'entre eux, qu'ils ont beaucoup de lumieres, de connoissance & de zele. Leur existence, ainsi que celle des autres Agens du Commerce, est subordonnée à la question de savoir si on laissera subsister le régime réglementaire. En cas qu'on croie qu'il est préférable au systême de la liberté, il n'est pas possible que l'Administration confie le soin de faire exécuter les Réglemens à d'autres personnes qu'à celles choisies & nommées par elle. Leur existence devient encore plus nécessaire, si le moyen terme admis entre la liberté indéfinie & la rigueur de la regle, continue à être adopté ; car il faut des personnes instruites, désintéressées & fideles, pour être assuré que les marques distinctives de l'une & l'autre fabrication ne seront pas appliquées indifférem-ment & suivant l'intérêt de chaque Fabricant.

Peut-être que pour maintenir l'équilibre entre les deux especes de fabrications, il conviendra de tempérer, encore plus qu'on ne l'a fait, les dispositions pénales des anciens Réglemens, & même de les simplifier : nous ne craindrons pas d'avouer que nous sommes de cet avis ; mais nous ajouterons que cette partie de la Législation est peut-être une des plus difficiles. Il y a de çà & de là des écueils également dangereux. Trop de gênes exposent continuellement le Fabricant à des saisies & à des confiscations, elles le découragent. Une trop grande liberté introduit la licence & opere le discrédit. Un juste milieu est difficile à saisir.

Les priviléges exclusifs ont également excité souvent les murmures & les plaintes des partisans de la liberté indéfinie ; au seul mot de privilége exclusif, ils crient à la proscription. S'ils veulent parler uniquement de ceux d'exploitation, ils ont toute raison de les regarder comme abusifs, même ceux accordés à des Compagnies, excepté qu'il ne soit démontré clairement que le Commerce dont il s'agit ne peut se faire que par ce moyen, & que nous avons intérêt de le faire. Hors ce cas d'exception, il nous paroît de la plus grande importance de s'attacher strictement au principe, que tout privilége d'*exploitation* doit être proscrit.

Nous nous garderons bien de nous expliquer sur la grande difficulté qui existe entre les Négocians des principales places commerçantes du Royaume, & les Intéressés dans l'entreprise du Commerce actuel des Indes; la décision soumise aux lumieres du Conseil dépend de l'éclaircissement d'un grand nombre de faits sur lesquels les Parties ne sont pas d'accord, à beaucoup près. Sans vouloir préjuger les questions qui les divisent, nous croyons pouvoir dire, que, s'il étoit vrai que la nouvelle Compagnie des Indes ne fît qu'un Commerce de grand cabotage, & qu'elle n'achetât que de la seconde main les marchandises qu'elle importe en France, son intervention pour faire ce genre de Commerce seroit d'autant plus inutile, que nous n'avons dans cette partie du Monde presque plus de possessions à conserver (1). Dans le cas contraire, la difficulté reste entiere; & malgré tout ce qu'ont dit les partisans de la liberté, lorsqu'il fut question de décider si l'on supprimeroit la précédente Compagnie des Indes, ils ne nous ont pas persuadé qu'elle pouvoit alors être remplacée facilement par des Négocians qui agiroient chacun pour leur compte particulier. L'Angleterre, la Hollande & le Danemarck font ce Commerce par des Compagnies. Leur exemple doit être considéré pour quelque chose. Nous savons qu'on répond que ces Puissances, & sur-tout l'Angleterre, ont des possessions considérables dans l'Inde; que pour les conserver il est nécessaire que leurs Négocians forment en quelque sorte un Corps mercantille, civil & militaire; mais que dans l'état actuel des choses, cette raison ne sçauroit s'appliquer à la France. Nous l'avons déjà observé; cependant il n'est pas moins vrai qu'un genre de commerce qui exige qu'on prépare d'avance les cargaisons des marchandises qui doivent être importées en Europe, & pour lequel il faut des fonds aussi considérables, peut difficilement être entrepris par des particuliers isolés. Non seulement il ne s'agit pas d'établir une concurrence entre

(1) Il ne nous reste que Pondichery & quelques dépendances.

eux;

eux; au contraire, c'est l'ensemble des opérations qui peut leur assurer quelques succès. C'est tout ce que nous nous permettrons de dire sur la Compagnie des Indes actuelle.

Quoiqu'on ne puisse pas appliquer à celle de Barbarie ce que nous venons d'observer, cependant des considérations puissantes paroissent avoir déterminé à accorder à cette Compagnie le privilége exclusif dont elle jouit. L'un de ces motifs est que l'on ne peut faire le commerce dans les Etats des différens Souverains du pays, qu'après avoir obtenu leur permission, & on ne l'obtient qu'à force de présens. Plus il y aura de particuliers qui leur demanderont leur protection, & plus ils la feront payer. Sans cette crainte, qui peut-être n'est pas aussi fondée & aussi réelle qu'on a voulu nous le persuader, nul doute que le privilége exclusif accordé à une Compagnie ne dût être supprimé, d'autant plus que la plus grande quantité des retours se fait en grains.

Quant à celui accordé à la Compagnie du Sénégal, elle ne l'auroit jamais obtenu, si le Gouvernement n'avoit pas été dans le cas de donner des dédommagemens considérables à l'ancienne Compagnie de la Guyanne, à laquelle a été subrogée celle du Sénégal. C'est en considération des pertes qu'avoient faites les Intéressés dans cette ancienne Compagnie, que le Ministre, chargé alors du département de la Marine, a bien voulu se relâcher de la rigueur de ses principes. Intimement persuadé que le Gouvernement étoit garant des pertes, puisqu'elles avoient été faites en conséquence des ordres & des promesses de l'Administration, il a pensé que l'impossibilité dans laquelle étoit le Trésor Royal de donner des indemnités en argent, ne pouvoit ni ne devoit dispenser le Roi de payer d'une autre maniere une dette légitime. Sans cette considération, fondée sur la justice, le privilége exclusif, bien loin d'avoir été renouvelé pour quelques années de plus, auroit été supprimé, & il faut espérer qu'il le sera au terme indiqué, parce que tout privilége de simple exploitation, qui concentre dans les mains de quelques personnes des droits & des prérogatives communs à tous, porte avec lui le caractère de réprobation.

Celui accordé à un certain nombre de Négocians pour le Commerce du Levant, sembleroit devoir être considéré de la même manière ; mais une expérience suivie a prouvé que les circonstances locales de ce Commerce exigent que les Maisons qui envoient à Constantinople, ou dans les autres Echelles du Levant, des marchandises pour les vendre, usent des mêmes moyens qu'emploient les gens du pays pour les acheter. Ils se réunissent & se liguent contre les vendeurs ; si, de leur côté, ceux-ci ne faisoient pas une espèce de confédération, ils seroient nécessairement victimes des Acheteurs. Cette raison & un grand nombre d'autres, appuyées sur l'expérience, ont déterminé les différens Réglemens qui ont été faits pour ce Commerce. Le plus important de tous étoit celui qui prescrivoit de n'envoyer dans le Levant que les draps d'une qualité supérieure ; la consommation en étoit alors très-considérable. Nous en avons exporté dans certaines années pour quinze à dix-huit millions ; mais lorsque le système de la liberté a prévalu, les Fabricans du Languedoc l'ont adopté avec avidité ; ils ont été punis de s'y être livrés trop inconsidérément, & ont été forcés de revenir à la bonne fabrication. Cette épreuve avoit réduit notre exportation en draps dans le Levant à six ou sept millions, année commune. Heureusement l'ancienne réputation dont ils jouissoient se rétablit, & il faut espérer que le passé nous corrigera pour l'avenir.

Quoique nous tirions des différentes Echelles beaucoup plus de marchandises que nous ne leur en envoyons, cependant, comme les retours sont presque tous en matieres premieres, ce Commerce est infiniment précieux pour nous, & mérite toute l'attention du Gouvernement, sur-tout eu égard aux efforts que font les Puissances rivales pour nous l'enlever. Leur succès n'est déja que trop considérable.

Mais pour revenir à la question des priviléges exclusifs,

nous croyons devoir distinguer ceux d'exploitation & ceux d'invention ; les premiers nous paroissent ne devoir être accordés que lorsqu'il est bien démontré que sans leur secours on seroit obligé d'abandonner une chose infiniment utile pour le Public, ou une branche de Commerce intéressante. C'est le cas où l'exception confirme la regle. S'il étoit permis de critiquer les opérations du Gouvernement, on diroit qu'on a souvent accordé des priviléges exclusifs pour des exploitations qui auroient dû rester libres. Le plus grand nombre des établissemens considérables qui existent en France, ont été formés à la faveur de pareils priviléges, sur le fondement qu'il falloit des fonds considérables pour mettre l'entreprise en activité. En supposant cette raison décisive, il n'y en avoit aucune pour les renouveler à leur expiration.

A l'égard des priviléges d'invention, notre maniere de penser est bien différente. Sans vouloir adopter dans toute son étendue celle des Anglois qui les accordent indifféremment & sans aucun examen préalable, nous croyons que nous en avons accordé trop rarement, & qu'en retardant, par notre trop grande circonspection, le progrès des connoissances dans les Sciences & dans les Arts, nous avons infiniment nui à l'industrie nationale, & par une conséquence nécessaire à nos Manufactures. Nous pourrions faire à ce sujet un parallele entre la France & l'Angleterre, qui ne seroit pas à notre avantage.

Si nous considérons ensuite le droit que les Inventeurs sont fondés à réclamer, il ne sera pas possible de disconvenir que leur invention est une véritable propriété, semblable en tout aux autres propriétés, & en particulier à celle des Hommes de Lettres & des Auteurs. On n'a jamais refusé à ceux-ci des priviléges exclusifs pour un espace de temps plus ou moins long, suivant la nature de leurs Ouvrages. Pourquoi le refuser à l'Inventeur d'une Mécanique d'une composition nouvelle, d'un procédé chimique inconnu, dont la découverte peut devenir utile au Public ? Il sera vrai, si l'on veut, que le Gouvernement n'est pas tenu à la rigueur d'accorder la même protection pour faire valoir cette espece de propriété, que pour les autres comprises sous la dénomination générale de propriétés, parce que le produit de celles-ci tourne au profit de tous, & qu'au contraire les priviléges exclusifs d'invention ne sont utiles, au moins pour un certain temps, qu'aux Inventeurs: mais il paroît répugner à l'équité naturelle de forcer un Inventeur à rendre public son secret, ou à l'enfouir, dans le cas où il ne voudroit pas le communiquer. Cependant, s'il est utile, il viendra un moment où tous en profiteront; s'il ne répond pas à l'espérance qu'on en avoit conçue, l'Inventeur ne pourra en imputer le mauvais succès qu'à lui-même. L'objection qu'on a faite quelquefois, que le Gouvernement est intéressé à empêcher les Sujets de se ruiner, ne mérite pas d'être discutée. Ce n'est pas au Gouvernement à conduire la plume du Négociant, la main de l'Artiste, la navette du Manufacturier. S'il vouloit calculer les facultés de tous, c'est alors qu'on diroit avec raison que la liberté & l'industrie sont enchaînées; mais lorsque la surveillance du Gouvernement se bornera à empêcher que la bonne foi ne soit victime de la cupidité & de la fraude, lorsqu'il emploiera tous les moyens possibles d'exciter l'émulation, en accordant des priviléges d'invention, de pareils actes de bienfaisance (l'on pourroit dire de justice) ne pourront qu'ajouter de nouvelles forces à la somme d'industrie & des richesses déjà acquises. L'Etat fera alors tout le Commerce qu'il peut faire.

C'est pour parvenir plus promptement à cet objet, que bien des personnes désireroient que le Gouvernement accordât des encouragemens par préférence à des priviléges exclusifs, parce que l'Etat jouiroit dans l'instant même du fruit de la découverte. Cette maniere de récompenser est certainement plus conforme à l'intérêt de tous; mais le plus souvent il est très-difficile de calculer l'utilité dont sera une invention nouvelle; il ne l'est pas moins d'apprécier les peines & les dépenses qu'elle a coutées à l'Inventeur ; & souvent encore le Gouvernement n'est pas en état de faire des sacrifices ; d'ailleurs cette maniere de récompenser a un grand inconvénient ; c'est que l'Etranger profite de l'invention aussi-tôt & souvent plus tôt que la Puissance qui en a payé les frais. Toutes ces considérations doivent être mises dans la balance, lorsqu'il est question d'une demande en privilége exclusif. Mais la question en elle-même, de savoir s'il convient d'en accorder, ne nous paroît pas problématique.

La franchise accordée à quatre ports du Royaume, de recevoir & de réexporter à volonté les marchandises prohibées ou assujetties à des droits prohibitifs, ne peut être considérée relativement aux autres ports & aux autres Provinces de la France, que comme une sorte de privilége exclusif, puisque ces quatre ports sont les seuls qui jouissent de cette liberté. Le motif qui a déterminé à la leur accorder, a été de ne pas renoncer au Commerce de réexportation dont nous avions besoin pour approvisionner nos Colonies de plusieurs articles prohibés, & qui d'ailleurs étoit un moyen de plus d'augmenter la masse des richesses nationales. Le même motif fit introduire les *transits*, & détermina à établir des entrepôts : ils furent supprimés ensuite pendant long-temps ; mais on sentit que cette suppression nuisoit infiniment à la circulation intérieure, puisqu'on étoit privé par-là de tous les avantages que procuroit le passage des marchandises par les différentes routes de France pour arriver chez l'Etranger, & on les a rétablis (1). Le Commerce qui se fait à la faveur du *transit* & des entrepôts, n'est pas comparable à l'étendue de celui qui se fait par les ports francs. Cependant c'est une question que celle de savoir s'il n'y auroit pas pour la France un plus grand

(1) Ils n'ont été rétablis que partiellement & pour des objets déterminés ; le Commerce qui se fait par cette voie & par celle de l'entrepôt, ne sçauroit par conséquent être aussi considérable que celui qui se fait par les ports francs.

avantage de le faire par la première voie que par la seconde ; nous sommes très-portés à le croire, & voici sur quoi nous nous fondons.

Les ports francs concentrent le Commerce d'exportation dans quelques points ; ils en resserrent par conséquent de beaucoup l'étendue. Par une suite nécessaire, ils ralentissent la circulation des produits.

2°. Les ports francs ne pouvant convenir que pour le Commerce maritime, ils privent la France de la partie de ce Commerce qu'elle pourroit faire avec la Suisse & avec une partie de l'Allemagne & de l'Italie.

3°. Ils nuisent à la consommation des productions nationales, parce qu'étant regardés comme étrangers par rapport aux traites, les marchandises étrangeres y sont plus favorisées que celles de la France.

4°. Les ports francs ayant la liberté de commercer avec nos Colonies, ils peuvent y favoriser l'introduction des marchandises étrangeres.

Les mêmes inconvéniens ne sont pas à craindre, lorsque la réexportation des marchandises étrangeres se fait par la voie du *transit* & des entrepôts. En effet, les Négocians qui font ce Commerce, ou exportent tout de suite les marchandises étrangeres sous un acquit à caution, ou ils les gardent en attendant une occasion de les expédier ; & alors, ou elles sont déposées dans des magasins publics, d'où elles ne sortent que pour être expédiées, ou elles sont laissées à la garde du Commerçant, qui est tenu de les représenter toutes les fois qu'il en est requis. Dans le premier cas, la décharge de l'acquit à caution dans le terme prescrit par icelui, assure la sortie hors du Royaume des marchandises étrangeres ; & nous ne croyons pas que cette voie soit susceptible de grands inconvéniens ; nous n'en trouvons pas non plus beaucoup, lorsque l'entrepôt est fait réellement. Il n'en est pas de même dans le troisieme cas ; l'entrepôt fictif est susceptible d'une contrebande continuelle d'autant plus funeste, que les versemens peuvent se faire avec plus de facilité dans l'intérieur du Royaume. Aussi, lorsque nous préférons les entrepôts aux ports francs, nous n'entendons parler que des entrepôts réels. C'est aux Négocians qui voudront obtenir cette facilité, à faire les frais pour la construction des magasins & des hangars nécessaires pour leur Commerce d'exportation; ils trouveront facilement dans les grandes villes, des Entrepreneurs ou des Capitalistes qui se chargeront de faire ces frais, pourvu qu'on leur paye un loyer proportionné à l'intérêt du capital qu'ils auront avancé; & quoique le *transit* & l'entrepôt réel ne soient pas entiérement à l'abri de la fraude, cependant il s'en commettra infiniment moins que dans les ports francs, & le Commerce d'exportation des marchandises étrangeres sera divisé entre un beaucoup plus grand nombre de personnes. Les villes maritimes auront toujours sur celles des frontieres, ou de l'intérieur, un avantage considérable dans ce genre de Commerce, mais au moins elles n'en auront pas le privilége exclusif. La ville de Lyon & celle d'Orléans sont situées de maniere à le leur disputer, & nous ne voyons aucune raison pour les empêcher d'en jouir.

Ceci nous conduit naturellement au Commerce d'exportation.

CINQUIEME PARTIE.

Commerce extérieur.

La principale opération de ce Commerce consiste à fournir aux besoins des autres peuples, & à en tirer de quoi satisfaire aux siens; il concourt par-là au même but que le Commerce intérieur.

Quatre moyens conduisent sûrement à ce but: la concurrence, l'économie du travail des hommes, la modicité des frais de transport, & le bas prix de l'intérêt de l'argent. Ces quatre moyens sont développés d'une maniere si lumineuse dans le Dictionnaire Encyclopédique, au mot *Commerce*, qu'il ne laisse rien à désirer. Mais nous croyons devoir y ajouter, que ce qui caractérise & distingue essentiellement le Commerce extérieur du Commerce intérieur, c'est que celui-ci s'occupe de donner aux richesses réelles de l'Etat la circulation la plus active, tandis que le Commerce extérieur a pour objet de procurer de la maniere la plus avantageuse à la Nation les richesses relatives. Le premier n'a d'action & de réaction qu'entre les Sujets du même Souverain ; l'autre au contraire s'étend chez toutes les Nations commerçantes, & influe sur la puissance d'un Etat vis-à-vis des autres Etats. Lorsque, dans la balance du Commerce réciproque, une Nation a le solde en sa faveur, son Commerce est plus actif que passif ; dans le cas contraire, il est plus passif qu'actif.

Quoique les quatre moyens que nous venons d'indiquer aient une application plus directe au Commerce actif que passif, cependant ils peuvent contribuer à diminuer ou à retarder l'affoiblissement de la Nation tributaire. Ils peuvent même, par la progression des temps, lui donner la supériorité, ou au moins mettre la balance de niveau ; mais ils ne sont pas les seuls qui doivent servir de regle pour opérer ce changement. Il en est d'autres qu'il importe à toute Nation tributaire d'employer.

1°. Elle doit faire, le plus qu'il lui sera possible, le Commerce direct avec la Puissance à laquelle elle sera obligée d'avoir recours, afin de n'être pas dans le cas de payer à une autre Puissance intermédiaire des frais de commission ou de provision. Si elle a des ports de mer & une marine assez active pour importer elle-même les objets dont elle aura besoin, le fret tournera à son profit & sera en pur bénéfice pour elle. Dans le cas où son Commerce ne seroit pas assez étendu pour occuper tous ses vaisseaux, elle pourra les donner à fret aux autres Nations ; elle ne sçauroit s'en servir plus utilement. Le Commerce de grand & de petit cabotage a été & est encore une des branches les plus considérables de celui que fait la Hollande, de même que

le

le fameux acte de navigation des Anglois a été la principale cause de leur puissance maritime.

2°. En ce qui concerne les Manufactures, nous avons déjà observé que l'importation des marchandises étrangeres qui empêchent la consommation de celles du pays, devoit être prohibée de la maniere la plus sévere; malheureusement cette maxime n'a pas été assez pesée, ni prise en considération autant qu'elle auroit dû l'être, dans notre dernier Traité de Commerce avec l'Angleterre, ou, si elle l'a été, des raisons supérieures de politique l'ont sans doute emporté sur l'intérêt général de notre Commerce; nous aimons à le croire, ainsi: mais il n'en est pas moins vrai que ce Traité a occasionné une diminution très-considérable dans le travail de nos Manufactures, & que de long-temps elles ne se releveront de l'état affligeant dans lequel elles sont. Il n'étoit pas difficile de prévoir cet effet funeste. Il n'y a dans un Royaume qu'une certaine somme de numéraire destinée aux consommations; cette somme est proportionnée aux besoins réels & factices; ils sont plus ou moins étendus, suivant l'abondance plus ou moins grande des facultés; quand elles seront employées à acheter des marchandises Angloises, on n'en achetera pas de Françoise; ainsi, à prix égal, on devoit s'attendre que nous perdrions le débit de la moitié des nôtres; & à l'égard des articles que les Anglois pouvoient donner à meilleur compte que nous, tels que les lainages, les grosses draperies, les faïences, & plusieurs autres, ils étoient assurés de la préférence. Tous les raisonnemens, ou plutôt les sophismes qu'on a faits, ne détruiront pas cette vérité. Si, par des considérations que nous ignorons, il étoit indispensable de permettre l'introduction des marchandises Angloises fabriquées, il eût été au moins à désirer que l'on eût obtenu, par forme de compensation, la liberté d'importer les matieres premieres, & sur-tout les laines dont nous avions besoin pour alimenter nos Manufactures; mais les Anglois en sentoient trop la conſéquence, pour y conſentir, & il ne nous reſte plus d'autres reſſources que de redoubler d'efforts pour augmenter les produits de notre Agriculture, & d'accorder des primes pour favoriſer l'exportation des marchandiſes qui ſeront juſtifiées provenir de nos Manufactures, ou auxquelles nous aurons donné une nouvelle main-d'œuvre qui en doublera la valeur. Cette eſpece d'encouragement, quoiqu'onéreux à l'État, devient cependant indiſpenſable dans certaines circonſtances. Il n'en eſt point de plus preſſantes que celles où ſe trouvent nos Manufactures. C'eſt par le Traité de Commerce qu'elles ont été privées de leur activité; il eſt juſte au moins que tous les droits de traite que payent à leur introduction les marchandiſes étrangeres dont on a permis l'entrée dans le Royaume, ſoient employés à les dédommager de la perte qui en eſt réſultée pour elles.

En ſecond lieu, le Commerce d'exportation devient d'autant plus néceſſaire pour la France, qu'abſtraction faite du produit de ſes Colonies, elle eſt tributaire pour des ſommes conſidérables, de l'Étranger; il lui importe eſſentiellement de compenſer le plus qu'elle pourra, avec des denrées ou des marchandiſes, la ſomme dont elle eſt débitrice.

En troiſieme lieu, elle a été obligée d'ouvrir ſucceſſivement des Emprunts; les Étrangers y ont placé des capitaux à des intérêts beaucoup plus hauts que ceux promis & payés par d'autres Puiſſances; ils forment une dette annuelle qu'il faut acquitter.

Mais en ſuppoſant que la France pût ſe ſuffire à elle-même, & qu'elle ne dût rien aux autres Puiſſances, pour conſerver parmi elles le rang qu'elle y tient, il ſeroit indiſpenſable qu'elle fît un Commerce actif d'exportation.

En effet, l'Eſpagne & le Portugal tirent annuellement de leurs mines, en Amérique, pour environ cent trente millions d'or & d'argent; il ne reſte dans ces deux Royaumes qu'une petite partie de cette ſomme ; elle eſt partagée entre les différentes Puiſſances de l'Europe, avec leſquelles ils ont des relations. Le Commerce paſſif que ces Puiſſances font en Aſie, en abſorbe une autre partie ; il s'en conſomme une certaine quantité en vaiſſelle, bijoux & dorure ; d'après cela, on peut calculer qu'il en reſte environ cent millions, qui accroiſſent annuellement le numéraire de l'Europe. Dans cette poſition, ſi la France renonçoit à toutes les liaiſons de Commerce au dehors, & qu'elle ſe contentât de conſerver ſes richeſſes actuelles, elle perdroit bientôt ſon degré relatif de puiſſance, puiſque reſtant toujours dans le même état, & les autres Nations s'enrichiſſant, la proportion de richeſſe qui exiſte actuellement entre elle & les autres États, s'affoibliroit annuellement ; par conſéquent elle a un très-grand intérêt d'encourager ſon Commerce d'exportation. Mais quelle branche de ce Commerce doit-elle principalement favoriſer ? Dans les réflexions que nous avons propoſées ſur la liberté indéfinie du Commerce, nous avons expliqué notre maniere de penſer relativement aux denrées de premiere néceſſité, & aux matieres premieres ; nous perſiſtons à croire que quelque intérêt que puiſſe avoir la France de faire le plus grand Commerce d'exportation poſſible, elle doit néanmoins ſe borner, quant à ces deux objets, à ne vendre à l'Étranger que ſon ſuperflu. A l'égard des marchandiſes & des objets de luxe, plus la vente en ſera conſidérable, & plus le Royaume y trouvera ſon avantage, quand même le Fabricant ou le Négociant y perdroient. C'eſt ici le cas de diſtinguer le gain de l'État d'avec celui du Spéculateur ; mais ce ſeroit trop exiger du Fabricant, de vouloir qu'il fabriquât des marchandiſes au delà de la conſommation préſumée des pays pour leſquels elles ſont deſtinées. Les invitations que nous avons entendu quelquefois faire à ce ſujet, ſont trop contraires à l'intérêt particulier du Fabricant & du Commerçant, pour croire qu'elles puiſſent les déterminer à ſe furcharger de marchandifes qu'ils préfumeroient ne pouvoir pas vendre. D'ailleurs, les engorgemens qui s'en feroient dans leurs magafins nuiroient à la fabrication des années fubféquentes, ainfi qu'à leur exportation. Il n'y a pas long-temps que nous avons éprouvé cet inconvénient par rapport aux draps deftinés pour le Levant. L'Adminiftration a été obligée de fe charger, à fon compte, d'une quantité confidérable de ces mêmes draps, pour donner du travail aux Manufactures, & bien plus encore pour remédier au difcrédit dans lequel elles étoient tombées par rapport à la mauvaife qualité de leurs étoffes. Cette fpéculation, quoique très-onéreufe pour l'État, pourra cependant être utile à cette branche de notre Commerce d'exportation dans le Levant, pourvu que les Fabricans ne retombent pas dans les mêmes abus.

A l'égard de la maniere la plus avantageufe d'exporter le fuperflu de nos productions du fol, ainfi que celles de nos Manufactures & de notre induftrie, nous ne pouvons propofer d'autres regles & d'autres principes que ceux que nous avons invoqués, lorfque nous avons parlé de l'importation des articles dont nous avons befoin, en y ajoutant cependant que l'exportation du fuperflu d'une Nation, dans quelque genre que ce foit, eft le profit le plus clair qu'elle puiffe faire.

La France, ifolée de fes Colonies, n'a du fuperflu que dans le feul article de fes vins. La valeur des autres productions de fon Agriculture & de fon induftrie, qu'elle exporte, eft compenfée au delà par les fommes qu'elle eft obligée de payer pour les objets qu'elle importe : on calcule qu'ils montent à deux cent trente millions, & qu'elle n'exporte de fes productions que pour deux cents millions ; par conféquent elle feroit tributaire aux autres États de l'Europe, fi fes Colonies ne lui donnoient pas une maffe de produit qui fait pencher en fa faveur la balance.

Dans l'énumération que nous avons faite des produits,

de la France, nous avons compris ceux des Colonies pour deux cents millions, & nous avons obſervé que le Commerce qui ſe fait entre elles & la Métropole, exigeoit une importation & une exportation réciproque de deux cent mille tonneaux. Ce ſimple apperçu a dû ſuffire pour faire ſentir combien leur conſervation eſt importante, & combien nous avons intérêt de les protéger ; nous n'avons pas beſoin de recourir à des raiſonnemens, pour en convaincre. La ſeule obſervation que nous nous permettrons à ce ſujet, c'eſt que plus les Colonies different de la Métropole par leurs productions, plus elles ſont parfaites, puiſque cette différence leur donne d'autant plus d'aptitude à remplir l'objet de leur deſtination, qui eſt d'opérer la conſommation des produits de la Métropole pour laquelle elles ont été fondées, & de fournir un nouvel aliment à ſon Commerce. Telles ſont nos Colonies des Antilles.

Mais quels moyens le Gouvernement doit-il employer pour les faire arriver de la maniere la plus ſûre & la plus complette à leur deſtination ? C'eſt ici où ſe trouve la grande difficulté. Beaucoup de perſonnes prétendent qu'on doit les conſidérer comme des Provinces du Royaume ſéparées ſeulement par la mer du ſol national : nous aurions de la peine à nous ranger à cet avis ; la deſtination des Colonies y réſiſte. En effet, leur ſol & leurs poſſeſſions ne nous ſont précieux que relativement aux productions que nous en tirons, & à celles que nous y envoyons ; elles ne ſont donc abſolument que des établiſſemens de Commerce qu'il faudroit abandonner, ſi, d'une part, elles ne nous procuroient pas les débouchés de notre ſuperflu, & ſi, d'autre part, leurs plantations ne nous fourniſſoient pas excluſivement les fruits, les denrées & les matieres premieres dont nous avons beſoin pour notre conſommation intérieure & pour l'agrandiſſement de notre Commerce extérieur.

Au ſurplus, peu importe qu'on les conſidere comme Provinces du Royaume, ou comme des établiſſemens de Commerce, dès qu'on sera forcé de convenir qu'elles n'ont été fondées que pour le plus grand avantage de la Métropole ; la conséquence naturelle qui en résultera, est que leur Commerce, tant d'importation que d'exportation, doit être tenu sous le joug des prohibitions les plus austeres. Ce principe est fondé non seulement sur le plus grand intérêt des Nations qui possedent des Colonies, mais encore il prend sa source dans les sentimens de justice, qui veulent que celui qui a semé recueille. Le droit de la Puissance fondatrice & protectrice des Colonies, est le même que celui d'un Particulier sur les productions d'un champ qui lui appartient, & qu'il a cultivé ou fait cultiver à ses frais.

Cependant on ne doit pas dissimuler qu'on fait contre le Commerce exclusif des Colonies, de fortes objections.

Et d'abord on n'admet pas la parité entre le droit de la Puissance fondatrice & protectrice, & le droit du Cultivateur, qui ayant semé doit recueillir ; on rétorque au contraire le principe, & on en excipe en faveur du Colon, qui, en sa qualité de Propriétaire du sol, doit avoir la faculté de disposer de ses productions à son plus grand avantage.

Nous répondons qu'en réduisant ainsi l'objection, elle ne réfléchit que contre la partie du Commerce exclusif qui oblige les Colons d'envoyer en France tous les fruits, denrées & matieres premieres qu'ils récoltent ; qu'elle n'a aucune application à la nécessité dans laquelle ils sont de procurer le plus grand débouché possible aux productions de la Métropole. Or les raisons qui militent en faveur de l'exclusif dans ce dernier cas, sont les mêmes pour le premier ; elles dérivent les unes & les autres de la destination primitive des Colonies.

En second lieu, il n'est pas exact de dire que les Colons ont la propriété pleine & entiere du sol des Colonies, ils n'en ont que le domaine utile. La concession ne leur a été faite primitivement qu'à la charge de la prohibition.

Enfin, en regardant comme des Provinces du Royaume les Colonies, & en supposant que leur propriété soit pleine & entiere entre les mains des Colons, ils sont tenus, en qualité de Sujets, de subordonner leur intérêt à l'intérêt général. La prohibition n'est pas une interversion de leurs possessions, elle n'est que la regle qui doit en diriger l'usage.

La seconde objection est plus forte ; on la fonde sur l'impossibilité d'approvisionner les Colonies. Si cette impossibilité étoit réelle, nul doute qu'on ne dût permettre aux Colons des liaisons avec les Etrangers : mais existe-t-elle ?

On ne la supposera certainement pas en ce qui concerne l'habillement & les ameublemens ; ainsi nous sommes dispensés de rien dire à ce sujet.

Quant aux vivres, il y a une premiere observation à faire : c'est que les Negres, qui forment la presque totalité de la population, sont nourris en général avec le manioc & avec quelques autres plantes qui se cultivent dans les Colonies. Cependant il est vrai que les approvisionnemens en farines sont nécessaires pour une portion de Negres qui s'en nourrissent, & pour les Blancs ; mais il seroit difficile qu'excepté qu'il n'y eût successivement, pendant plusieurs années, de mauvaises récoltes, la France ne pût pas fournir à cette consommation, qui est inférieure à celle de plusieurs villes du Royaume. Nous ne sçaurions mieux employer notre superflu en grains, qu'à l'approvisionnement de nos Colonies.

Nous savons qu'elles consomment beaucoup de poisson salé, & qu'il a paru nécessaire de leur laisser la liberté d'en tirer de l'Etranger ; qu'on a même établi en Amérique quelques ports francs, pour leur faciliter les moyens de s'en approvisionner ; mais nous ne sçaurions nous dispenser de remarquer que c'est un mal corrigé par un autre mal. Le seul moyen de remédier à l'un & à l'autre, est de favoriser, ainsi que nous l'avons déjà dit, nos pêcheries, en détruisant les gênes qui leur empêchent de prendre toute l'activité qu'elles pourroient avoir.

A l'égard des viandes salées, c'est encore un autre mal que nous ne puissions pas les fournir à nos Colonies. Il dérive du mauvais état de notre Agriculture ; mais comme ces viandes saéles se tirent d'Europe, il convient au moins que le transport s'en fasse par l'entremise de nos ports ; cela paroît d'autant plus nécessaire, que cet objet n'étant pas assez considérable pour former des cargaisons, on completteroit la charge avec d'autres marchandises ; on éviteroit par ce moyen l'introduction, dans nos Colonies, de celles étrangeres, & la Marine Françoise jouiroit du fret des cargaisons.

Nous ne parlerons pas de l'approvisionnement des boissons ; la préférence que les Colonies donnent aux vins de Guienne sur tous les autres, est le meilleur garant que la prohibition sera respectée.

Une autre espece de fourniture absolument nécessaire pour nos Colonies, est celle des Negres. Il faut convenir que pendant long-temps nos Armateurs n'en ont pas envoyé une quantité suffisante pour leur culture ; mais c'étoit bien moins par une impuissance réelle de leur part, que parce qu'ils n'étoient pas suffisamment protégés. Les Anglois étoient en possession de fournir à nos Colonies le rebut de leurs Negres ; ils les vendoient à des prix si bas, que nos Armateurs ne pouvoient pas fournir en concurrence ceux provenant de leur traite. L'expérience a prouvé que les Negres vendus par les Anglois moins cher à l'achat, revenoient cependant à un prix plus haut, parce qu'ils étoient moins robustes. Nos Colons se sont désabusés de ce bon marché apparent, ils n'en achetent des Anglois que lorsqu'ils y sont forcés par le besoin ; mais il n'en est pas moins vrai que ce Commerce interlope a été aussi préjudiciable à nos Armateurs, qu'il l'a été au Commerce de France ; & une preuve sans réplique que nos Armateurs François ont été plutôt dégoûtés par nos Colonies qu'ils ne leur ont manqué,

qué, résulte de ce qu'ils ont été réduits souvent à introduire dans celles des Espagnols, des Negres qu'ils n'avoient pas pu trouver à vendre dans les nôtres. Actuellement que le Gouvernement donne des primes suffisantes pour encourager la traite, il faut espérer qu'elle deviendra de jour en jour plus considérable, & ce sera un motif de plus pour tenir ce Commerce sous l'empire de la prohibition la plus austere.

Cependant on pourra insister, & dire que s'il est important que tout le Commerce des Colonies n'ait pour objet que le plus grand avantage de la Métropole, & par conséquent qu'il soit sous sa dépendance immédiate, il n'est pas moins essentiel que, pour remplir encore plus parfaitement sa destination, les Colonies soient tenues dans le plus grand état de richesses possible, & que l'exclusif absolu s'oppose à cet état de richesses si fort à désirer, sur-tout la Métropole ne consommant qu'une partie de leurs productions.

La derniere assertion est vraie; mais de ce que la France ne consomme pas la totalité des productions de ses Colonies, on ne doit pas en conclure qu'il faut livrer, en Amérique, le surplus aux Nations qui sont dans le cas de les acheter; si cela étoit ainsi, la dépendance des Colonies, ainsi que leurs obligations envers la Métropole, seroient restreintes & limitées, tandis qu'elles ne doivent avoir d'autres bornes que celles que peuvent y mettre la culture de leurs terres & la nécessité des approvisionnemens, qui leur manquent pour faire exister les Colons. Ainsi non seulement elles sont assujetties à fournir à la Métropole toutes les denrées de leur cru nécessaires à sa consommation intérieure; non seulement elles doivent recevoir d'elle toutes les choses dont elles ont besoin pour la nourriture des Colons & leurs vêtemens; non seulement elles doivent payer les Artistes & les Ouvriers de la Métropole qui travaillent pour elles & à leur occasion; mais elles sont encore obligées de procurer à son Commerce toute l'activité que peut leur donner l'exportation de leur superflu. La seule production des Isles, que notre Commerce a été obligé jusqu'à présent d'abandonner à l'Etranger, ce sont les taffias & sirops; mais s'il est vrai, comme nous l'avons dit, que leur prohibition en France n'est que le résultat d'une erreur, il y a lieu de présumer qu'on ne laissera plus subsister ce prétexte d'entretenir des liaisons avec des Navigateurs étrangers.

Quant à la partie de l'objection faite par ceux qui croient que la Métropole est pour le moins aussi intéressée à tenir les Colonies dans le plus grand état de richesses possible, qu'à y maintenir la prohibition absolue, il nous paroît que pour la résoudre il faut examiner, 1°. s'il y a incompatibilité, ou, pour mieux dire, impossibilité de jouir en même temps de ces deux avantages; 2°. si cette impossibilité n'est que momentanée, ou bien si elle est habituelle. Dans ce dernier cas, la possession d'une pareille Colonie est plus nuisible à la Métropole, qu'elle ne lui est utile; il faut l'abandonner, excepté que des raisons politiques ne forcent à la conserver. Lors au contraire que la Colonie ne se trouve qu'accidentellement exposée à manquer de l'absolu nécessaire, qui ne peut pas lui être fourni par la Métropole, certainement la prohibition doit céder, car avant de jouir il faut conserver. Mais hors de ces circonstances, la prohibition doit l'emporter sur les avantages qui peuvent résulter pour la Métropole de tenir les Colonies dans le plus grand état de richesses possible. L'Etat leur doit protection; mais il ne la leur doit pas à son préjudice & contre la nature de leur institution.

Si en temps de guerre la France est obligée de partager avec les Puissances amies ou neutres, son Commerce des Colonies, parce que ses forces maritimes ne lui permettent pas d'en jouir exclusivement, c'est une raison de plus de se le réserver uniquement en temps de paix, soit pour se dédommager de ce qu'elle peut avoir perdu, soit pour conserver le rang qu'elle doit tenir parmi les autres Nations de l'Europe. En accordant à ses Colonies une liberté plus grande que celle dont elles jouissent, elle diminueroit sa puissance relative par l'accroissement de celle de ses rivaux.

Ces considérations nous dispensent d'entrer dans l'examen des avantages qui pourroient résulter pour nos Colonies, d'un adoucissement dans les Loix prohibitives auxquelles elles sont soumises. Cependant, s'il étoit nécessaire de faire valoir un dernier moyen pour prouver que ce régime n'est pas incompatible avec la prospérité des Colonies, nous serions fondés à observer que l'exclusif que la France s'est réservé, n'a pas empêché nos Colonies des Antilles de s'élever à un degré de richesses & de puissance qui fait l'objet de l'étonnement & de l'envie des autres Nations. Les Colons, toujours disposés à se plaindre de la rigueur avec laquelle ils prétendent qu'on les traite, ne sçauroient se dissimuler que les impôts qu'on leve sur leur sol & sur leurs productions, sont beaucoup moins forts que ceux payés par les autres Sujets du Roi, Propriétaires de fonds; presque tous payent le cinquieme de leurs revenus, y compris les droits sur les consommations en tous genres. Nous ne doutons point qu'actuellement que les Colonies ont désiré & obtenu des Représentans à l'Assemblée Nationale, elles ne s'empressent de donner l'exemple de leur dévouement pour le plus grand avantage de la Nation dont elles sont partie. Nos espérances, à cet égard, sont d'autant mieux fondées, qu'elles ne peuvent pas ignorer que la modération des impôts n'est pas la seule faveur dont elles jouissent; l'Administration sacrifie encore toutes les années une somme considérable pour leur procurer à meilleur compte des Negres. Cette dépense a formé, l'année derniere, un objet d'environ deux millions, & c'est certainement une des dépenses les plus utiles pour tenir les Colonies dans le plus grand état de richesses possible, puisqu'elles ne sont riches que par leur culture, & qu'elles ne cultivent que par les Noirs qu'elles achetent.

Il y aura cependant toujours une grande considération à faire en matiere d'impôts sur les Colonies ; c'est qu'ils pesent non seulement sur le sol colonial, mais qu'ils réfléchissent encore sur la Métropole pour ses consommations, & sur le Commerce extérieur pour les objets réexportés dans l'Etranger. Une autre considération importante, c'est que l'impôt trop fort est un avantage cédé à la contrebande, & une addition à ses espérances, qui la décident toujours lorsqu'elles sont supérieures à ses risques.

Malheureusement on s'est accoutumé à ne plus regarder la contrebande comme un délit ; cependant c'en est un véritable, puisqu'elle prive l'État d'un droit qui lui appartient, & qu'elle met le Négociant honnête dans l'impossibilité de soutenir la concurrence avec le fraudeur.

Un mal plus grand encore, est d'être obligé pendant la guerre d'abandonner aux vaisseaux neutres la plus grande partie des bénéfices que notre Commerce pourroit faire exclusivement, si ses importations & ses exportations étoient protégées par une Marine puissante.

Mais le pire de tous les maux seroit l'invasion de nos Colonies.

Nous ne doutons pas que le Gouvernement ne se soit occupé souvent de cet objet important ; il aura certainement vu avant nous, que sans les produits de nos Colonies, la balance du Commerce seroit entiérement contre nous, & que la France a par conséquent le plus grand intérêt de prévenir un pareil événement. Nous n'avons point à craindre que les ennemis viennent nous attaquer sur nos frontieres, & ils n'y viendroient pas impunément, quand même nos armées de terre seroient moins considérables ; mais ce sont des armées navales dont nous avons besoin pour nous maintenir dans notre position actuelle. Des forts, des citadelles & des troupes peuvent bien défendre certains points, mais ils ne sçauroient protéger toutes nos côtes & celles de nos Colonies. Les vaisseaux, au contraire, sont des especes de forteresses mobiles qui se portent dans toutes les parties ; leur présence suffit pour intimider les fraudeurs & empêcher les versemens frauduleux. On peut, avec leur secours, tenter & prévenir des descentes; & quand même des forteresses mettroient nos Colonies à l'abri de toute invasion & de toute dévastation, on devroit encore leur préférer les forces navales; car il ne suffit pas de conserver nos possessions en Amérique, il faut encore les approvisionner & en tirer les productions; autrement cette source de la richesse nationale tariroit au moment où elle deviendroit la plus nécessaire; par le surcroît de dépense qu'entraîne la guerre. Ce n'est pas tout; elle fourniroit à nos ennemis des ressources pour soutenir la guerre contre nous; ils approvisionneroient nos Colonies, & ils en tireroient les productions, ils jouiroient de leurs richesses & des nôtres.

La nécessité d'une Marine puissante qui puisse protéger nos possessions en Amérique, & empêcher que leur approvisionnement ne tourne au profit de nos ennemis, se fait sentir de plus en plus, lorsqu'on considere que la perte du Canada & la cession de la Louisianne ont privé nos Isles des secours qu'elles auroient pu se procurer par le moyen de ces deux possessions; elles se seroient soutenues réciproquement. Le Canada & la Louisianne avoient encore un point d'utilité particulier pour nos Isles. Ils pouvoient consommer les sirops & les taffias que nous livrons aux Etrangers. On ne sent souvent le prix des choses que lorsqu'on ne les possede plus. Evitons-nous de plus grands regrets pour l'avenir, & résumons en deux mots tout ce que nous avons dit sur nos Colonies.

Elles ont été établies pour l'utilité de la Métropole; elles ne peuvent remplir leur destination dans toute son étendue, qu'en augmentant les produits des terres & de l'industrie de la Nation sous la puissance immédiate de laquelle elles sont, & en contribuant au gain de son Commerce avec les autres Nations. Si elles pouvoient se passer de la Métropole, & qu'elles eussent la faculté d'entretenir des liaisons directes avec l'Etranger, tant pour leur importation que pour leur exportation, elles cesseroient d'être utiles. L'état de prohibition dans lequel elles sont à cet égard, doit, à la vérité, céder à la nécessité, supérieure à toutes les autres Loix; mais hors de cette circonstance, les Loix prohibitives doivent reprendre tout leur empire : elles ne sont point incompatibles avec la richesse des Colonies, sur tout si la Métropole leur procure le sort le plus doux possible par une protection constante. Elle est la premiere intéressée à ne pas les surcharger d'impôts, puisqu'ils pesent sur elle comme sur les Colons; elle ne l'est pas moins à donner à la culture du sol colonial la plus grande activité, puisqu'il n'a de valeur pour elle que relativement à la consommation & au Commerce qu'il opere. Il ne peut l'opérer que par la culture, qui ne peut elle-même exister que par les Negres; les encouragemens accordés à leur importation dans nos Colonies, sont donc de tous les plus précieux; mais plus ils augmenteront leurs produits & leurs richesses, plus aussi ils exciteront la jalousie & l'ambition des Puissances rivales; de la nécessité d'avoir des forces navales suffisantes pour n'être pas obligé, en temps de guerre, d'abandonner une partie de leurs produits, & sur-tout pour empêcher les incursions & les invasions auxquelles elles pourroient être exposées. Ce résumé nous paroît rassembler tout ce qui concerne l'administration des Colonies; & nous ne croyons pas pouvoir mieux terminer ce Mémoire, qu'en observant que nous aurions bien désiré le rendre plus laconique; mais comme ce n'est qu'une ébauche entreprise dans la vûe de la faire passer successivement de cet état à celui de la perfection, nous avons pensé que nous devions expliquer toutes les raisons sur lesquelles nous fondions nos opinions, afin qu'on pût les apprécier, & même les combattre si on les croit erronées. Il s'agit ici d'un des plus grands intérêts de l'Etat, & peut-être a-t-on jusqu'à présent trop généralisé les principes d'après lesquels devoient être décidées les différentes questions qu'il fait naître. Nous avons tâché de les analyser, & de les présenter sous toutes les faces dont elles étoient susceptibles ; & quand notre travail ne produiroit d'autre fruit que de tenir en garde contre des jugemens trop précipités dans une matiere aussi délicate que celle-ci, nous nous trouverions suffisamment récompensés du fruit de nos peines. Une mauvaise décision en matiere contentieuse ne nuit qu'à quelques particuliers ; mais en administration elle peut influer sur la prospérité de l'Etat & sur le bonheur des Sujets.

F I N.

TABLE
DU MÉMOIRE.

4°.

FIN.

www.ingramcontent.com/pod-product-compliance
Ingram Content Group UK Ltd.
Pitfield, Milton Keynes, MK11 3LW, UK
UKHW020347230726
13925UKWH00003B/1009